STATUTS,
ARTICLES
ET
ORDONNANCES

DES JURÉS DU ROI ÉS ŒUVRES
de Charpenterie de la Ville, Prevôté &
Vicomté de Paris, & des Maîtres Charpentiers de ladite Ville, Fauxbourgs &
Banlieue d'icelle.

Dreſſés, corrigés & augmentés par M PARENT,
Avocat en Parlement, & au Conſeil d'Etat & Privé
de Sa Majeſté.*

Réimprimés de nouveau en l'année 1763, par les ſoins des
Sieurs MOREAU, MAVIEZ, GUIREAUD & TESSIER,
Jurés en Charge.

---

*Le prix eſt de trente ſols, ainſi qu'il a été taxé par Monſieur le Lieutenant-
Général de Police.*

A PARIS,
DE L'IMPRIMERIE DE LA VEUVE THIBOUST,
Imprimeur du *ROI*, Place de Cambrai.

M. DCC. LXIII.

STATUTS,

ARTICLES ET ORDONNANCES

des Jurés du Roi ès Œuvres de Charpenterie de la Ville, Prévôté & Vicomté de Paris, & des Maîtres Charpentiers de ladite Ville, Fauxbourgs & Banlieue d'icelle.

I.

PREMIEREMENT, afin que les pourvus des Charges de Jurés Charpentiers de notre Ville, Prévôté & Vicomté de Paris, & les Maîtres Charpentiers d'icelle, puissent dorénavant subsister dans les mêmes ordres qu'ils ont perpétuellement observés avec autant d'honneur que les Rois nos Prédécesseurs pouvoient espérer de leurs obéissances, & que Nous avons éprouvé dès les premieres années de notre avénement à la Couronne : Nous entendons que le plus ancien reçu en une desdites Charges, soit réputé Doyen de toute la Compagnie, pour, en cas qu'il n'ait été atteint d'aucun crime, tenir le premier rang en toutes Assemblées, qui ne se pourront faire ailleurs qu'en sa maison, tant pour la révision des Lettres de pourvu desdites Charges, que pour l'examen d'iceux, & autres généralement quelconques ; donner le premier son avis sur les propositions que le Syndic fera des affaires naissantes ; faire publiquement les réprimandes à tous ceux que la malice pourroit porter à quelque injuste entreprise contraire

A ij

(4)

au bien des préfentes Ordonnances, & fe rendre ponctuel dans l'exécution d'icelles.

I I.

Que fi le plus ancien pourvu de l'une defdites Charges fe trouve convaincu de crimes, qu'il ait minuté quelque monopole contre les intérêts de ladite Compagnie, & qu'il fe foit intrigué avec les ennemis d'icelle, & qu'il lui ait fufcité aucun procès, Nous voulons qu'il foit privé du rang de Doyen, & que celui qui le fuivra en réception entre en ladite place, fans différend, ni conteftation quelconque, pour s'y comporter ainfi qu'il eft ci-deffus déclaré.

Et quant au troifiéme & quatriéme Articles, ils ne font ci-deffus écrits, attendu que la Cour les a réfervés.

V.

Nous entendons que l'un defdits Jurés foit nommé pour Syndic par les pourvus feuls defdites Charges, entre eux à la pluralité des voix, le lendemain de la Fête de Saint Jofeph, Patron defdits Jurés & Maîtres Charpentiers, en la maifon dudit Doyen, deux heures de relevée, auquel lieu tous lefdits Jurés feront tenus de s'affembler fans autre mandement plus fpécial, finon en cas d'indifpofition, ou autre légitime empêchement, à peine de fix livres d'amende, que Nous avons dès-à-préfent adjugée pour furvenir aux affaires de ladite Compagnie.

V I.

Le Syndic pendant deux années entieres, inceffamment veillera à la défenfe des intérêts de toute la Compagnie defdits Jurés & Maîtres Charpentiers de notredite Ville, rendra fes affiduités journellement à la follicitation des différends que nous ne pouvons prévenir; donnera avis audit Doyen de toutes affaires généralement quelconques, & fe comportera dignement en tout, conformément aux Délibérations conclues à la pluralité des voix, & procurer les affemblées à fa diligence en la maifon dudit Doyen.

V I I.

Si le Syndic pendant les deux années de fon maniement & fonction eft trouvé en quelque abus, malverfation ou monopole au préjudice du repos de ladite Compagnie, ou qu'il foit repris de Juftice, il en fera démis fans autre formalité de procès : Et fera en la maifon dudit Doyen procédé à la no-

(5)

mination d'un autre en fa place, à la pluralité des voix defdits Jurés, pour achever feulement le tems reftant defdites deux années, avec pouvoir toutefois aufdits Jurés de continuer pareil tems de deux années, celui qui dans les voyes d'honneur s'y fera dignement acquitté du Syndicat, pourvu qu'il en foit confentant, afin que fes affaires domeftiques n'en puiffe recevoir altération quelconque.

V I I I.

Pour fûreté en l'exécution des Délibérations de ladite Compagnie, icelles feront dorénavant écrites en un Regiftre relié expreffément deftiné à cet effet par ledit Doyen, ou en cas d'indifpofition & autre empêchement légitime par ledit Syndic, dont il demeurera dépofitaire pendant lefdites deux années, & les rendra à fon fucceffeur, fans qu'aucun de ceux qui feront mandés à la diligence dudit Syndic en la maifon dudit Doyen, ou autres lieux pour les affaires de ladite Compagnie, s'en puiffent difpenfer que par maladie ou autre excufe raifonnable, à peine de trois livres d'amende que Nous avons dès-àpréfent adjugée pour furvenir à la pourfuite defdites affaires.

I X.

Ledit Syndic élu en la maniere que Nous avons ci-devant ordonné, fera Receveur des deniers communs, lequel fortant de charge après lefdites deux années, fera tenu rendre compte fommairement & fans aucun frais, par-devant le Doyen, lefdits Jurés, & ceux des anciens Maîtres Charpentiers qu'ils voudront appeller, fi bon leur femble, en la maifon dudit Doyen, & mettra le fond, fi aucun y a, entre les mains du Syndic fon fucceffeur, même en cas que ledit rendant compte fe frouvât créancier pour avoir plus débourfé que reçu, il en fera rembourfé par fondit fucceffeur, pour éviter à toutes confufions, différend & conteftation.

X.

Ceux qui à l'avenir feront pourvus defdites Charges de Jurés Charpentiers de notredite Ville, Prevôté & Vicomté, après avoir prêté le ferment en la maniere accoutumée, comme ci-devant il a été pratiqué, fuivant l'Arrêt de notre Parlement de Paris, du 5 Mai 1650, payeront pour droit de réception, ce qui a jufqu'à préfent foigneufement été obfervé entre lefdits Jurés, fans que les Juges ordinaires, les Rois nos Prédéceffeurs & notre Confeil en ayent reçu aucune plainte.

X I.

Afin que les Etrangers, par leur établiffement en notredite Ville, Prevôté & Vicomté de Paris, ne puiffent profiter du gain que lefdits Jurés & Maîtres Charpentiers peuvent faire dans l'entreprife des Ouvrages de leur Art, nul ne pourra être reçu Maître Charpentier s'il n'eft originaire François, né notre Sujet, ou qu'il n'ait obtenu de Nous Lettres de naturalité duement vérifiées où befoin fera.

X I I.

Pour ce que lefdits Jurés font journellement employés en des Sujets où le fecret de la confcience eft abfolument nécef-faire, & que lefdits Maîtres Charpentiers pourroient aifément abufer de la facilité des Peuples, s'ils-n'étoient religieux en la conftruction des Ouvrages que l'on confie à leur conduite: Nous voulons que ceux qui dorénavant afpireront à la Maîtrife dudit Art, juftifient par preuves valables avant que d'y être admis, qu'ils n'ayent été accufés, atteints, convaincus, ni repris par Juftice, fuivant le douziéme Article des Ordonnances que les Ancêtres defdits Jurés & Maîtres fe font procurés dès le 13 Novembre 1454, confirmées par les Rois nos Prédéceffeurs, Louis XI, Henri II & Charles IX, au mois de Juin 1467, Mars 1557 & Octobre 1570.

X I I I.

Les Afpirans à ladite Maîtrife feront pareillement tenus de travailler l'efpace de fix mois avant qu'ils puiffent être admis; fçavoir, trois mois chez l'un defdits Jurés, & trois autres mois chez l'un des anciens defdits Maîtres Charpentiers, ainfi qu'il en fera délibéré par la Compagnie defdits Jurés, en la maifon de leur Doyen, à la charge de les payer pendant ledit tems de leurs falaires compétens, ainfi qu'il eft porté par le cinquiéme Article defdites Ordonnances de l'an mil quatre cens cinquante-quatre.

X I V.

Celui defdits Maîtres Charpentiers, fous lequel par Déli-bération defdits Jurés, lefdits Afpirans auront travaillé l'efpace de trois mois, avertira immédiatement après le Juré, en la maifon duquel ils auront travaillé les trois premiers mois, de la façon qu'ils fe feront comportés, des Ouvrages qu'ils auront faits, & de la conduite qu'ils auront apportés, afin

que fur le rapport que ledit Juré feul en fera à la Compagnie
defdits Jurés en la maifon dudit Doyen, il y foit pourvu en
la maniere qui en fuit.

X V.

Sitôt que lefdits Afpirans auront été préfentés à la Compagnie defdits Jurés, convoqués à cet effet à la diligence dudit
Syndic, en la maifon dudit Doyen, par ledit Juré fous lequel
ils auront travaillé, il leur fera ordonné de faire fur un carton
un Trait Géométrique, que lefdits Doyen & Jurés après
l'avoir vu faire, recevront, figneront & parapheront tous,
pour éviter à l'abus que quelques artificieux pourroient adroi-
tement caufer en ce rencontre, & fera à l'inftant, même par
ledit Doyen, mis entre les mains dudit Syndic, afin de le
conferver foigneufement, & en faire la repréfentation à ladite
Compagnie lorfqu'elle le trouvera à propos.

X V I.

Tous les cartons fur lefquels lefdits Afpirans auront chacun fait ledit Trait de Géométrie, pour premiere preuve de
leur adreffe en préfence de ladite Compagnie, feront gardés
par le Syndic, fuivant leur datte, & les mettra après les deux
années de fon tems entre les mains de fon fucceffeur, pour
perpétuellement les faire voir dans les occafions néceffaires à
ce fujet.

X V I I.

Enfuite que lefdits Afpirans auront été préfentés, qu'ils auront fait ledit Trait de Géométrie en la préfence de ladite
Compagnie, & qu'ils l'auront requife par la bouche du Juré
leur conducteur, & leur vouloir ordonner un Chef-d'œuvre,
lefdits Jurés aviferont enfemble en leurs confciences fur cette
propofition, chacun d'eux y donnera fon avis entre les mains
du Doyen, fuivant l'ordre de leur réception, & ce qui aura
été conclu à la pluralité des voix, fera exécuté fans fraude,
artifice, ni monopole, dont fera fait mention dans le Regiftre
de la Compagnie par ledit Doyen, ou en cas d'indifpofition &
autre excufe légitime, par ledit Syndic, que tous lefdits Jurés
figneront & parapheront.

X V I I I.

Le Chef-d'œuvre ainfi donné fera par chacun defdits Afpirans fait de fes propres mains en la maifon de l'un defdits
Jurés que la Compagnie fera tenu de nommer, fuivant l'ordre

de sa réception ; & sera le présent Article consécutivement exécuté, afin que nuls desdits Jurés ne puissent être privés de l'honneur que le rang, l'âge & le mérite lui auroient acquis par la suite des années.

XIX.

Chacun desdits Jurés ayant vu ledit Chef-d'œuvre entiérement parfait, le conducteur leur fera accepter, & sur le fidel rapport qu'ils en feront à notre Procureur audit Châtelet, après avoir payé nos droits accoutumés, ceux desdits Jurés à l'ordinaire, mis dix livres entre les mains dudit Syndic pour survenir aux affaires de ladite Compagnie, & autres dix livres pour la Confrérie, il prêtera le serment par-devant notredit Procureur, & Lettres lui seront expédiées, où le nom desdits Jurés seront exprimés, suivant l'ordre de leur réception, comme il est porté par le huitiéme Article desdites Ordonnances, l'an 1454.

XX.

Douze anciens Maîtres Charpentiers de notre Ville seront mandés par l'ordre des Jurés aux réceptions de chacun desdits Aspirans, ainsi qu'il s'est pratiqué jusques à présent sans qu'ils puissent prétendre aucun droit, ni autres choses généralement quelconques.

XXI.

Afin que le Public soit dignement servi dans la construction des Ouvrages dudit Art, Nous voulons que les propres fils desdits Jurés & Maîtres qui aspireront à la Maîtrise, fassent pareillement en la présence desdits Jurés, ledit Trait Géométrique en la maison dudit Doyen, qu'ils rendent le Chef-d'œuvre parfait que lesdits Jurés leur auront ordonné en la maison de l'un d'eux, qu'ils payent nos droits, ceux desdits Jurés, les dix livres entre les mains dudit Syndic, pour survenir aux affaires de ladite Compagnie, & les autres dix livres pour ladite Confrérie, même que douze anciens desdits Maîtres soient mandés à leur réception par l'ordre desdits Jurés, & qu'ils en fassent le serment par-devant notre Procureur au Châtelet, dont pareilles Lettres seront délivrées, ainsi qu'il est déclaré par le dix-neuviéme Article des présentes Ordonnances.

XXII.

Pour perpétuellement entretenir les anciennes observations des choses sacrées dans l'état de leur premiere dignité, Nous entendons

(9)

entendons que lefdits Jurés Maîtres obfervent religieufement entre eux ce qu'ils ont toujours gardé en l'adminiftration de leur Confrérie, fans y apporter aucun changement, altération, ni nouveauté quelconque.

X X I I I.

Nul ne pourra fe préfenter aufdits Jurés, ni leur demander Chef-d'œuvre, qu'il n'ait fait apprentiffage pendant fix années entieres chez l'un defdits Jurés ou Maître dudit Art, dont il fera apparoir par certificat avec fon Brevet en bonne forme, paffé par-devant Notaires de notredit Châtelet, pour éviter à toutes fraudes : & s'il n'eft Apprentif de notredite Ville, fera tenu de fidélement travailler fous lefdits Jurés ou Maîtres, durant quatre années complettes, dont il rapportera certificat valable.

X X I V.

Tous ceux qui fous prétexte de nos Lettres de Don des Rois nos Succeffeurs, ou d'autres, pour quelque caufe & occafion que ce foit, prétendront à la Maîtrife dudit Art, feront tenus de faire Chef-d'œuvre ou expérience de leurs propres mains, fuivant l'Article XCVIII des Ordonnances des Etats tenus en notre Ville d'Orléans par les feus Rois Henri III & Charles IX nos Prédéceffeurs, par l'ordre defdits Jurés, en la maifon de l'un, comme il fera délibéré par ladite Compagnie chez ledit Doyen, & payant par eux nos droits & ceux defdits Jurés, lefdites dix livres au Syndic pour furvenir aux affaires de ladite Compagnie, & les autres dix livres pour ladite Confrérie, fans qu'il foit befoin d'autre condamnation, ni mandement plus exprès.

X X V.

Pour entiérement fuivre l'exemple des Rois nos Prédéceffeurs à la confirmation defdites Ordonnances en l'an 1454, conformément au fixiéme Article d'icelle, Nous faifons défenfes très-expreffes aufdits Jurés d'avoir plus d'un Apprentif chacun d'eux en même tems, à peine de trente livres d'amende, que Nous avons adjugés pour furvenir aux affaires de ladite Compagnie, avec pouvoir néanmoins d'en prendre un fecond, lorfque le premier aura entiérement fait trois ans du tems porté par le vingt-cinquiéme Article des préfens Statuts.

X X V I.

Nous faifons auffi défenfes à tous Maîtres Charpentiers de

notredite Ville d'avoir plus d'un Apprentif sous chacun d'eux, à peine de ladite somme de trente livres applicable comme deſſus, avec pareille faculté toutefois d'en prendre un second après trois années complettes du tems du premier, suivant ledit Article V I des Ordonnances de l'an 1454.

X X V I I.

Et afin que lesdits Jurés & Maîtres ne puiſſent commettre aucun abus dans le nombre des Apprentifs, Nous voulons que chacun d'eux envoye audit Syndic, trois jours après la ſignification des préſentes Ordonnances, tous les ſurnoms & âges de leurs Apprentifs, avec le tems qu'ils auront commencé leur apprentiſſage, ſuivant leur Brevet, dont ils juſtifieront audit Syndic pour lui en faire mention ſur ledit Regiſtre de ladite Compagnie, & ainſi que tous les autres conſécutivement, le lendemain de ladite Fête de Saint Joſeph, ſur les quatre heures de relevée, en la maiſon dudit Doyen, dont lecture ſera publiquement faite par ledit Syndic, en préſence de toute la Compàgnie deſdits Jurés, à peine contre chacun des contrevenans, de cinquante livres d'amende, la moitié applicable à Nous, & le tiers en faveur de ladite Compagnie, pour ſurvenir aux affaires d'icelle, & le ſurplus ainſi qu'il ſera jugé par notre Procureur audit Châtelet.

X X V I I I.

Leſdits Jurés & Maîtres pourront, avec leſdits Apprentifs, avoir chez eux enfans procréés de légitime mariage, les enfans de leurs enfans & leurs neveux, conformément au ſeptiéme Article deſdites Ordonnances de 1454; même auront la liberté d'avoir auſſi leurs couſins germains, pour, ſous la faveur de cette faculté, tirer de la néceſſité les plus proches de leur famille.

X X I X.

Tous Compagnons & Serviteurs, appellés du nom de Valet par les Ordonnances de l'année 1454, ne pourront faire entrepriſe, action ou fait des Jurés ou Maîtres dudit Art en notredite Ville, Prevôté & Vicomté de Paris; mais ſeront tenus de fidélemant ſervir leſdits Jurés & Maîtres au contentement des Peuples, à peine de confiſcation de leurs Ouvrages, Engeins, Outils & Uſtenciles, de trente livres d'amende, & punition plus rigoureuſe en cas de contravention pour la ſeconde fois, dont Nous voulons que Juſtice ſoit promte-

ment faite par notre Procureur audit Châtelet, sous la seule
dénonciation desdits Jurés.

X X X.

Ne pourront aussi lesdits Compagnons & Serviteurs, tenir
aucun Compagnons ou Apprentif sous eux, en quelques lieux
& endroits qu'ils puissent être de notredite Ville, Prevôté &
Vicomté de Paris, sur les peines ci-dessus déclarées.

X X X I.

Nous faisons défenses & inhibitions très-expresses ausdits
Jurés & Maîtres, d'associer avec eux aucuns Compagnons,
d'en autoriser les entreprises, ni leur prêter leur noms, & à
tous autres de quelle condition & qualité qu'ils puissent être,
qu'ils n'ayent été reçûs Maîtres dudit Art, avec les formalités que Nous avons prescrites par les Articles précédens, à
peine de cinq cens livres d'amende contre chacun des contrevenans, dont dès à présent Nous en avons adjugé le tiers aux
Pauvres de l'Hôtel-Dieu de notredite Ville, l'autre tiers pour
survenir aux affaires de ladite Compagnie, & le surplus ainsi
qu'il sera jugé à propos par la prudence de notre Procureur
audit Châtelet, auquel Nous enjoignons d'user sans délai de
punition rigoureuse & exemplaire, contre chacun des contrevenans, pour la seconde fois au présent Article.

X X X I I.

Si aucuns desdits Compagnons & Serviteurs sont requis
pour travailler à la journée dans les maisons des Bourgeois
ou autres Habitans de notredite Ville, Prevôté & Vicomté
de Paris, ils seront tenus, avant que de commencer leurs
Ouvrages, d'en donner avis audit Syndic, & de les faire
fidélement, suivant les regles dudit Art, à condition que
nosdits Bourgeois ou autres Habitans fourniront de bois ausdits Compagnons, ensemble d'Engeins, Outils & autres Ustenciles nécessaires, même les nourriront à leurs dépens pour
éviter toute confusion, à peine de confiscation des Ouvrages,
Engeins & Ustenciles, & vingt livres d'amende que Nous
avons dès à présent appliquée à notre profit, sans qu'il soit
besoin de condamnation ni de jugement exprès.

X X X I I I.

Afin que promptement les Bâtimens que toutes personnes
pourront faire élever soient à leur contentement parfaits dans
le tems de leur marché & dans les saisons qu'elles auront

prémédité pour le bien de leurs familles ; Nous permettons
aufdits Jurés & Maîtres qui n'auront fait leurs provifions fuf-
fifantes dans les Forêts à la Campagne, d'acheter toute forte
de bois propre à leur ufage, fi-tôt qu'ils feront arrivés & déchargés à terre fur les Ports de notredite Ville, Prévôté &
Vicomté de Paris, fous cette condition, que ceux d'entr'eux
qui fe trouveront avant qu'il foit lotti & enlevé, en pourront
avoir comme celui qui en avoit fait le marché.

X X X I V.

Nous défendons à toutes perfonnes, à la réferve defdits Jurés & Maîtres Charpentiers, d'acheter, mettre à prix, ni
faire offres fur les bois à bâtir, qu'ils n'ayent préalablement
été trois jours francs fur lefdits Ports, après avoir été déchargés, à peine de confifcation des bois & de trente livres
d'amende.

X X X V.

Et pareillement Nous défendons à toutes perfonnes de quelque qualité & condition qu'elles foient, de revendre ni expofer en vente fur lefdits Ports aucuns defdits bois qu'ils auront
achetés, fous les mêmes peines que deffus.

Et quant au trente-fixiéme Article, n'eft ci-deffus écrit,
attendu que la Cour l'a réfervé.

X X X V I I.

En conféquence de quoi pour donner à tous Sujets la fatisfaction qu'ils doivent attendre du miniftere defdits Jurés,
Nous voulons qu'avant qu'ils puiffent être dorénavant pourvûs defdits Charges, qu'ils ayent dûement fait connoître la
capacité qu'ils fe feront acquife pendant la fuite de plufieurs
années en la conftruction des Ouvrages dudit Art, qu'ils en
ayent fubi les formalités que Nous avons ci-devant prefcrites,
& qu'ils ayent été reçûs Maîtres cinq années auparavant felon
l'ordre des Statuts, afin que conformément aufdits Edits &
Arrêts de notredit Confeil, du mois d'Octobre 1574, & 26 Février 1639, leur expérience les rendra plus dignes des emplois publics, à l'exclufion de toute autre perfonne.

X X X V I I I.

Il y aura dorénavant, ainfi qu'il s'eft toujours pratiqué,
un Tableau dans le lieu où journellement lefdits Jurés s'affem-
blent, vulgairement appellé l'Ecritoire, un autre en la
Chambre du Préfidial de notredit Châtelet, & un autre dans

le Greffe de notredit Parlement de Paris, en chacun desquels noms, surnoms & demeures d'iceux, seront enregistrés selon l'ordre de leur réception, pour y avoir recours dans les occasions. Faisant défenses très-expresses à toutes personnes d'insérer autres noms que ceux dûement pourvûs de ladite Charge, à peine de punition exemplaire.

Et quant aux trente-neuf & quarante, ne sont ci-dessus écrits, attendu que ladite Cour les a réservés.

X L I.

Parce qu'aucuns desdits Maîtres Charpentiers se pourroient ingérer de faire les fonctions desdites Charges sans en avoir obtenu provision de Nous, même que nos Juges en pourroient commettre ; Nous conformément ausdits Edits, Sentences, Arrêts, Réglemens, avons défendu & défendons très-expressément ausdits Maîtres Charpentiers, & à tous autres de faire aucunes visitations, toisés, estimations, rapports, & autres actes dépendans desdites Charges, quoiqu'ils fussent convenus par les Parties & non par nos Juges, quelle commission qu'ils en ayent, ou pourroient par surprise obtenir, lesquelles Nous avons dès à présent révoquées & révoquons sans qu'ils s'en puissent aider, sur peine de faux & de pareille amende que dessus, applicable ainsi que Nous l'avons ordonné par les deux Articles précédens, dont Nous voulons justice être faite par notre Procureur audit Châtelet, notre Prevôt de Paris, ou son Lieutenant Civil, sur la premiere plainte desdits Jurés.

X L I I.

Nous voulons aussi que nos Juges n'ayent aucun égard au rapport, prisée, estimation & rapport desdits Maîtres Charpentiers & autres, sinon à ceux qui feront faits par lesdits Jurés, avec défenses à toutes Parties de s'en aider, sur peine de perdition de cause ; à quoi notredit Procureur audit Châtelet sera tenu de veiller incessamment.

X L I I I.

Nous faisons défenses & inhibitions très-expresses, suivant l'Arrêt de notredit Conseil du 26 Février 1639, donné par le Commandement du feu Roi de glorieuse mémoire, notre très-honoré Seigneur & Pere, au Greffier ou autrement, dit Clerc de l'Ecritoire, de délivrer aucuns Procès-Verbaux, ni autres Actes, que sur le rapport desdits Jurés, à peine de nullité d'iceux, & de vingt livres d'amende contre chacun des contrevenans, envers lefdits Jurés, pour furvenir à leurs affaires pour la premiere contravention, & de privation de leurs Offices pour la feconde.

XLIV.

Nous ordonnons que lefdits Jurés, conformément à leur Edit de création dudit mois d'Octobre 1574, vaqueront inceffamment au devoir de leur Charge, fi-tôt qu'ils en feront requis par les Parties, ou qu'ils auront été nommés par les Juges, jufques à perfection de leur rapport, dont ils feront écrire les minutes par l'un defdits Clercs de l'Ecritoire, & qu'ils feront tenus d'arrêter, figner & parapher à l'inftant même, pour éviter à toute fraude.

XLV.

Tous lefdits Clercs de l'Ecritoire tiendront Regiftre des minutes defdits rapports & autres actes dépendans du miniftere defdits Jurés, & feront tenus d'en délivrer les Groffes en papier aux Parties, qui les révoqueront vingt-quatre heures après le parachevement defdits rapports au plus tard, afin de ne les point tirer en longueur, à peine des dépens, dommages & intérêts defdites Parties, privation de leurs Offices, & d'amende arbitraire, dont un tiers appartiendra au Dénonciateur, ainfi qu'il eft porté par ledit Edit de création du mois d'Octobre 1574.

XLVI.

Et pour donner moyen aux Jurés d'exercer leurs Charges dans l'honneur que Nous efperons de leur fidélité, Nous voulons qu'ils foient payés raifonnablement de leur falaire ; comme il eft déclaré pat ledit Edit du mois d'Octobre 1574, leur faifant défenfes d'en prendre ni exiger de plus grand droit, fur peine de privation de leurfdites Charges & d'amende arbitraire.

Et quant au quarante-feptiéme Article, n'eft ci-deffus écrit, d'autant que la Cour l'a réfervé.

XLVIII.

Nous faifons défenfes & inhibitions très-expreffes aufdits Jurés, Maîtres, Compagnons, Apprentifs dudit Art, de travailler à tous Atteliers, Edifices & Bâtimens, généralement quelconques au jour des Dimanches & Fêtes, que Nous voulons être employés au Service Divin, conformement aux

Conftitutions Canoniques, à peine de cent livres d'amende ,
que Nous avons adjugé pour furvenir aux affaires de ladite
Compagnie , & afin d'en arrêter l'abus , Nous enjoignons
aufdits Jurés d'en faire les perquifitions exactes , en dreffer
leurs plaintes , & faire leur rapport par-devant Notre Procureur audit Châtelet, pour y être à l'inftant même apportés les
Réglemens néceffaires.

X L I X.

Et d'autant que les Charges defdits Jurés n'ont été établies
par les Rois nos Prédéceffeurs , que pour plus aifément répri-
mer l'énormité des actions contraires au repos de nos Sujets ;
Nous entendons que les Pourvus defdites Charges , à l'inftar
des Jurés Paveurs de notredite Ville , Prévôté & Vicomté de
Paris , créés par Edit du mois de Janvier 1638 , vifiteront
tous les Bois à bâtir , ouvrés & à ouvrer , qui dorénavant
arriveront fur les Ports & Quais de notredite Ville , Prévôté
& Vicomté de Paris , avant d'être expofés en vente , afin de
voir s'ils font de qualité requife , fans que pour raifon de ce ,
ils puiffent prétendre aucun droit ni falaire , à peine de concuffion.

L.

Quoique par divers Réglemens rendus en notredit Parlement de Paris , contre tous Ouvriers & autres généralement
quelconques , défenfes leur ont été faites d'entreprendre des
Bâtimens & Maifons pour rendre la clef à la main , à caufe
que par ce moyen divers accidens furviennent journellement
par le défaut des mal - façons des Ouvrages , & même que
plufieurs defdits Ouvriers étoient fruftrés du profit qu'ils euffent
pu faire , s'ils euffent en perfonne conclu les marchés des Ouvrages de leur Art : ce mal n'ayant pu encore être arrêté ; Nous défendons aufdits Jurés & Maîtres de faire dorénavant telle entreprife , à peine de 1500 livres d'amende contre chacun des contrevenans , dont Nous nous en fommes adjugés la moitié , & le
furplus en faveur de ladite Compagnie , pour furvenir aux
affaires d'icelle ; au moyen de quoi lefdits Jurés inceffamment
feront leur recherche en tous les Edifices , Atteliers & Bâtimens commencés en notredite Ville , Prévôté & Vicomté de
Paris , pour fçavoir les noms des Entrepreneurs d'iceux ; &
en cas qu'aucuns foient de la qualité ci-deffus, en faire leurs

plaintes à notredit Procureur audit Châtelet, pour à l'inftant y être pourvu par les voyes raifonnables.

L I.

Et enfin conformément à la Sentence de notre Prevôt de Paris du 7 Août 1630 , confirmée par Arrêt contradictoire de notredit Parlement, du 27 Août 1631 ; Nous permettons aufdits Jurés & Maîtres d'employer tels Compagnons qu'il leur plaira pour le fervice de nos Sujets dans les Ouvrages dudit Art, aufquels Compagnons Nous faifons défenfes d'emporter des Atteliers , Maifons , Chantiers defdits Jurés & Maîtres , ni même des logis ou autres , chez lefquels ils travailleront , aucunes fouées , bout de bois & billots qu'ils mettront en œuvre , à peine de punition corporelle ; ce que Nous voulons être exécuté fans autre formalité de procès , fur la premiere plainte de l'un defdits Jurés & Maîtres Charpentiers , par-devant notre Procureur audit Châtelet.

Regiftrée oui le confentement du Procureur Général du Roi , pour jouir par les Impétrans à l'effectif ci-contenu , aux charges portées par l'Arrêt de ce jour. A Paris en Parlement , le 22 Janvier 1652. Signé , DU TILLET.

Regiftrée au douziéme Volume des Bannieres , Regiftre ordinaire du Châtelet de Paris , ce requérant les Impétrans , pour fervir & valoir , y avoir recours quand befoin fera. Ce fut fait au Châtelet de Paris , le deuxiéme jour de Mars 1652. Signé , FAUSLET.

EXTRAIT DES REGISTRES
du Confeil Privé du Roi.

SUR la Requête préfentée au Roi en fon Confeil par les Jurés de Sa Majefté ès Œuvres de Charpenterie de la Ville, Prévôté & Vicomté de Paris, contenant que les Statuts , dont leurs Ancêtres ont été favorifés dès le 13 Novembre 1454 , confirmés par les Rois Louis XI, Henri II, Charles IX , au mois de Juin 1467 , Mars 1557 , & Octobre 1570 , ne font pas entiérement décififs dans les fonctions de leur Art ; que les termes en font extrêmement ambigus ; & que plufieurs

perfonnes

perſonnes ſans aucuns titres valables en mépriſent l'autorité, juſques à entreprendre ſur ce qui dépend immédiatement de leur miniſtere : Enſorte qu'un nombre de Procès s'augmente journellement à leur préjudice, au détriment du public, & au déſavantage des Loix de Sadite Majeſté : Pour ces cauſes, & d'autant que la Compagnie deſdits Supplians ne pourroit heureuſement ſubſiſter ſi elle n'eſt maintenue par les effets de la Juſtice Souveraine de Sadite Majeſté, requéroient qu'il plût à Sadite Majeſté, vouloir confirmer leurs anciens Statuts du 13 dudit mois de Novembre 1454; même leur permettre d'en changer le langage, & d'y ajoûter quelques articles importans pour le bien des Sujets de Sadite Majeſté, pour la conſervation de ſes Réglemens, & le ſupport de ladite Compagnie deſdits Supplians. Vû ladite Requête, ſignée Haranger, Avocat aux Conſeils d'Etat & Privé de Sadite Majeſté : Copie collationnée deſdits anciens Statuts du 13 Novembre 1564, confirmés par Lettres Patentes deſdits Rois, des mois de Juin 1465, Mars 1557, & Octobre 1570 : Copie de Commiſſion délivrée par le Procureur de Sadite Majeſté au Châtelet de Paris, le 13 Juin dernier 1648 : Copie d'un Arrêt du Parlement audit lieu du 5 Mai 1560 : Copie des Lettres Patentes de Charles VI, Louis XI & François I, des mois de Février 1404, Juin 1467, & Mars 1514, par leſquels leſdits Jurés étoient électifs ; & Copie imprimée de l'Edit de création deſdites Charges en titre d'Office par le Roi Henri III, au mois d'Octobre 1574 : Copie collationée d'Arrêt du Conſeil du 26 Février 1639, portant augmentation du nombre deſdites Charges : Copie collationnée d'Arrêt du Parlement, contre les Compagnons dudit Art, du 30 Août 1631 : Lettres Patentes : Arrêt dudit Parlement : Arrêt du Conſeil : Sentence du Prevôt de Paris, portant confirmation des Priviléges deſdits Jurés des 20 Octobre & 18 Novembre 1575, & 23 Janvier, 24 Mars, 4 Avril 1579, 9 Février 1582, 22 Septembre 1592, 3 Novembre 1611, 4 Septembre, 27 Octobre & 10 Novembre 1622, 21 Août 1623, 6 Mars 1631, 26 Février 1636, & 13 Octobre 1644 : Et les nouveaux Statuts dreſſés par ledit Haranger, Avocat deſdits Supplians : Oüi la réponſe dudit d'Orgeval, Conſeiller du Roi en ſes Conſeils, Maître des Requêtes ordinaire de ſon Hôtel, Commiſſaire à ce député : Et tout conſidéré, LE ROI EN SON CONSEIL,

C

(18)

a renvoyé & renvoye ladite Requête par-devant le Prevôt de
Paris, ou son Lieutenant Civil, pour sur icelle donner leur
avis, & icelui rapporté devant Sadite Majesté audit Conseil,
pour être pourvû ausdits Supplians, ainsi qu'il appartiendra
par raison. FAIT au Conseil Privé du Roi, à Paris le onziéme Septembre 1648.

VU par Nous Dreux Daubray, Seigneur d'Offemont, Villiers,
& autres lieux, Conseiller du Roi en ses Conseils, Lieutenant
Civil de la Ville, Prevôté & Vicomté de Paris ; Charles Bonneau,
aussi Conseiller du Roi en ses Conseils, & son Procureur au Châ-
telet, Ville, Prevôté & Vicomté de Paris, la Requête présentée au
Roi en son Conseil par les Jurés ès Œuvres de Charpenterie de cette
Ville, Prevôté & Vicomté de Paris, l'Arrêt du Conseil, par lequel
Sadite Majesté nous a renvoyé ladite Requéte, pour sur icelle donner
notre avis, & icelui rapporté par-devers Sadite Majesté audit Con-
seil, être pourvû ausdits Jurés ès Œuvres de Charpenterie, ainsi qu'il
appartiendra par raison, ledit Arrêt en date du onziéme Septembre
1648, signé Forcoal. les anciennes Ordonnances, Arrêts & Senten-
ces rendus sur icelles, & les nouveaux Articles présentés par les-
dits Jurés.

Notre avis est, que sous le bon plaisir du Roi & de la Reine Ré-
gente sa Mere, lesdits nouveaux Articles au nombre de cinquante &
un, dressés sur les anciennes Ordonnances, Arrêts & Sentences, peu-
vent être accordés ausdits Jurés ès Œuvres de Charpenterie, n'y ayant
rien reconnu de préjudiciable au droits & service de Sadite Majesté,
& intérêt du Public. Fait ce dix-huitiéme jour du mois de Mai mil
six cent quarante-neuf.

DAUBRAY, BONNEAU.

LOUIS par la Grace de Dieu, Roi de France & de
Navarre : A tous présens & à venir SALUT. Puisque
dès les premieres années de notre Avenement à la Couronne,
Nous avons recherché les moyens de causer à nos Sujets le
repos qu'ils peuvent justement espérer de Notre autorité
Royale, ce que Nous n'avons à présent de plus forts sentimens

que ceux de les faire fubfifter dans la confirmation des Priviléges que les Rois nos Prédéceſſeurs ont libéralement accordés à leur Communauté, Nos chers & bien-amés les Jurés
ès Œuvres de Charpenterie de notre Ville, Prevôté & Vicomté de Paris, qui autrefois étoient électifs ſuivant les Lettres Patentes de Charles VI, Louis XI & François I, des
mois de Février 1404, Juin 1467, & Mars 1514, vérifiés
en notre Parlement de Paris, & depuis créés en titre d'Office
par Edit de Henri III, du mois d'Octobre 1574, vérifié en
notre Parlement le 8 Mars 1575, lû & regiſtré au Parc
Civil de notredit Châtelet, à l'Audience tenante, le 3 Octobre 1592, & lû en l'Auditoire de notre Bailliage du Palais,
le 16 Février 1631 ; même augmenté en nombre, à cauſe de
l'accroiſſement au moins de moitié de notredite Ville & Fauxbourg d'icelle par le feu Roi Louis XIII, de glorieuſe mémoire notre très-honoré Seigneur & Pere, par Arrêt de notre
Conſeil d'Etat, du 26 Février 1639. Nous ayant tant en
leurs noms, que pour les Maîtres Charpentiers de la grande
coignée de notredite Ville, fait très-humblement remontrer
que les Ordonnances de leurs Ancêtres ont été favoriſées dès
le 13 Novembre 1454, ratifiées par Louis XI, Henri II &
Charles IX, au mois de Juin 1467, Mars 1557, & Octobre
1570 ; & ne ſont pas entierement déciſifs, dont les termes
en ſont extrêmement ambigus, & que pluſieurs perſonnes
ſans aucuns titres valables en mépriſent l'autorité, juſques à
leur préjudice ſur ce qui dépend immédiatement de leurs mi-
niſteres ; enſorte qu'un grand nombre de procès s'augmente
journellement à leur préjudice, au détriment du public, &
au déſavantage de nos Loix. Ils Nous ont ſupplié de vouloir
continuer & confirmer leſdites Ordonnances, mêmes leur
permettre d'en changer le langage, & d'y ajoûter quelques
Articles importans pout le bien de noſdits Sujets, pour la
conſervation de nos Réglemens, & le ſupport de leur Compagnie, fondée ſur l'autorité des Arrêts de notredit Parlement, de notredit Conſeil, des Sentences de notredit Prevôt
de Paris, ſur ce vouloir leur concéder nos Lettres Patentes,
humblement requérant icelles ; A CES CAUSES, & pour
d'autant plus leur laiſſer des marques de la confiance que
Nous avons de leur fidélité, après avoir fait voir en notredit Conſeil les anciennes Ordonnances, Lettres de confirma-

tion d'icelles; copie des quittances des fommes payées par lefdits Expofans pour le droit de confirmation dû à caufe de notre Avenement à la Couronne ; divers Réglemens intervenus pour le fait dudit Art ; les nouvelles Ordonnances dreffées par Haranger, Avocat en nos Confeils, pour lefdits Expofans : Arrêt de notredit Confeil, du 11 Septembre dernier 1648, portant renvoi defdites Ordonnances par-devant notredit Prevôt de Paris, ou fon Lieutenant Civil, & notre Procureur audit Châtelet, & avis d'iceux du 18 Mai dernier, le tout y attaché fous le contre-fcel de notre Chancellerie. AVONS, de l'avis de la Reine Régente notre très-honorée Dame & Mere, & notredit Confeil, & de notre grace fpéciale, pleine puiffance & autorité Royale ; approuvé, agréé & confirmé, approuvons, agréons & confirmons lefdites Ordonnances nouvelles, corrigées fur les anciennes, & les Articles augmentés en icelles, pour en jouir par lefdits Expofans & leurs Succeffeurs aufdites Charges & Arts, pleinement, paifiblement & perpétuellement, conformément aufdits Réglemens & Arrêt fur ce intervenus. SI DONNONS EN MANDEMENT à nos amés & feaux Confeillers les Gens tenans notredite Cour de Parlement à Paris, Prevôt dudit lieu, ou fon Lieutenant, que ces Préfentes ils faffent lire, publier & enregiftrer du contenu en icelle : Enfemble defdites Ordonnances, Priviléges & Articles ajoûtés, & ils fouffrent & laiffent jouir & ufer lefdits Expofans pleinement & perpétuellement, contraignans à l'obfervation d'iceux tous ceux qu'il appartiendra ; Car tel eft notre plaifir, afin que ce foit chofe ferme & ftable à toujours, avons fait mettre notre fcel à ces Préfentes ; fauf en autres chofes, notre droit & l'autrui en toutes. DONNÉ à Paris le onziéme jour du mois d'Août, l'an de grace 1649, & de notre Regne le feptiéme. Signé, LOUIS, Et par le Roi, la Reine Régente fa Mere préfente, DE GUENEGAUD, avec paraphe. *Vifa.*

Regiftrée oüi le confentement du Procureur Général du Roi, pour jouir par les Impetrans à l'effectif ci-contenu, aux charges portées par l'Arrêt de ce jour. A Paris en Parlement le 22 Janvier 1652.

Signé, DU TILLET.

Regiſtrée au douzième Volume des Bannieres, Regiſtre ordinaire du Châtelet de Paris, ce requerant les Impétrans pour ſervir & valoir, y avoir recours quand beſoin ſera. Ce fut fait au Châtelet de Paris, le Samedi deuxiéme jour de Mars 1652.

EXTRAIT DES REGISTRES
de Parlement.

VU par la Cour les Lettres Patentes du Roi, données à Paris le onziéme d'Août 1649, Signé, LOUIS, & ſur le repli, par le Roi, la Reine Régente ſa Mere, préſente, DE GUENEGAUD, & ſcellées du grand Sceau ſur lacs de ſoye, de cire verte, obtenues par les Jurés ès Œuvres de Charpenterie de la Ville, Prevôté & Vicomté de Paris, par leſquelles ledit Seigneur ſur la remontrance faite par leſdits Jures ès Œuvres de Charpenterie, que par les Ordonnances dont leurs Aneêtres auroient été favoriſés dès le treize Novembre 1454, ratifiées par Louis XI, Henri II, & Charles IX, au mois de Juin 1467, Mars 1557, & Octobre 1570, n'étoient pas entierement déciſifs dans les fonctions de leur Art, & que les termes en ſont extrêmement ambigus, & que pluſieurs perſonnes ſans aucuns titres valables, en mépriſent l'autorité juſques à entreprendre immédiatement de leur miniſtere ; enforte qu'un grand nombre de procès s'augmente à leur préjudice, au détriment du Public & déſavantage des Loix, & que leſdits Jurés auroient ſupplié de vouloir continuer & confirmer leſdites Ordonnances, même leur permettre d'en changer le langage, & d'ajouter quelques Articles importans pour le bien des Sujets, conſervation des Réglemens, & ſupport de leur Compagnie, fondée ſur l'autorité des Arrêts de ladite Cour, du Conſeil, & Sentence du Prevôt de Paris, auroient agréé, confirmé & approuvé les nouvelles Ordonnances corrigées ſur les anciennes, & les Articles augmentés en icelles, pour en jouir par leſdits Jurés & leurs Succeſſeurs auſdites Charges & Art, pleinement, paiſiblement & perpétuellement, conformément auſdits Réglemens, Arrêt ſur ce intervenu, & comme plus au long le

contiennent lefdites Lettres : La Requête defdits Jurés préfentée à ladite Cour afin d'enthérinement defdites Lettres, lefdits nouveaux Statuts étant au nombre de cinquante & un
Articles : Vû auffi la Requête préfentée par lefdits Jurés ès
Œuvres de Charpenterie de ladite Ville, Prevôté & Vicomté
de Paris, & les Maîtres Charpentiers de ladite Ville, Fauxbourgs & Banlieue, Défendeurs, contre la Communauté defdits Jurés Charpentiers, & les Maîtres Maçons de ladite
Ville, Fauxbourgs & Banlieue, auffi Défendeurs contre la
Communauté defdits Jurés Charpentiers, & Demandeurs à
ce que l'appointement des Procureurs des Parties fur l'enthérinement defdites Lettres Patentes du onze Août 1649, fût
reçû par le Greffier de la Cour ; ce faifant, que lefdites Lettres feront vérifiées, regiftrées, lûes & publiées pour être
exécutées felon leur forme & teneur, avec défenfes d'y contrevenir fous les peines y déclarées : fur laquelle Requête
l'un des Confeillers de ladite Cour, auroit été commis pour
parler fommairement aux Parties : Appointement à mettre
par défaut, production defdits Demandeurs, fommation de
défendre & produire par lefdits Défendeurs : Conclufions du
Procureur du Roi : Oüi le rapport dudit Confeiller commis,
& la matiere mife en délibération. Tout confidéré ; LADITE
COUR a ordonné, que lefdites Lettres & Statuts feront en-
regiftrées au Greffe d'icelle, pour jouir par les Impétrans
de l'effet & contenu en iceux, felon leur forme & teneur, à
la réferve des Articles trois, quatre, trente-fix, trente-neuf,
quarante & quarante-fept. FAIT en Parlement le vingt-deux
Janvier feize cent cinquante-deux. Signé, DU TILLET.

A TOUS ceux qui ces préfentes Lettres verront, Louis
Seguier, Chevalier, Baron de Saint-Briffon, Seigneur
des Ruaux & de Saint-Firmin, Confeiller du Roi Notre
Sire, Gentilhomme Ordinaire de fa Chambre, & Garde de la
Prevôté & Vicomté de Paris. SALUT : fçavoir faifons, qu'au-
jourd'hui, Vû les Lettres Patentes du Roi, données à Paris
le 11 d'Août 1649, Signé LOUIS : Et fur le repli, par
le Roi, la Reine Régente fa Mere préfente, DE GUENEGAUD,
& fcellées du grand Sceau fur lacs de foye & cire verte,

obtenues par les Jurés ès Œuvres de Charpenterie de ladite
Ville, Prevôté & Vicomté de Paris, par lefquelles Sa Majefté
fur les remontrances faites par lefdits Jurés ès Œuvres de
Charpenterie, que par les Ordonnances dont leurs Ancêtres
auroient été favorifés dès le 13 Novembre 1454, ratifiées
par Louis XI, Henri II, & Charles IX, au mois de Juin
1467, Mars 1557, & Octobre 1570, n'étoient pas entierement décifives dans les fonctions de leur Art, & que les termes en font entierement ambigus, & que plufieurs perfonnes,
fans avoir pris titres valables, en méprifent l'autorité, jufques
à entreprendre fur ce qui dépend immédiatement de leur mi-
niftére ; enforte qu'un nombre de procès s'augmente à leur
préjudice, au détriment du Public & défavantage des Loix,
& que lefdits Jurés avoient fupplié de vouloir continuer &
confirmer lefdites Ordonnances, même leur permettre d'en
changer le langage, & d'y ajoûter quelques Articles importans pour le bien des Sujets & confervation des Réglemens, &
le fupport de leur Compagnie, fondée fur l'autorité de la
Cour, du Confeil & de nos Sentences, auroient agréé, confirmé & approuvé les nouvelles Ordonnances corrigées fur
les anciennes, & les Articles augmentés en icelles, pour en jouir
par lefdits Jurés & leurs Succeffeurs aufdites Charges & Art,
pleinement, paifiblement & perpétuellement, conformément
aufdits Réglemens & Arrêts fur ce intervenus, & comme
plus au long le contiennent lefdites Lettres, & la Requête
à Nous préfentée par lefdits Jurés, afin de publication & re-
giftrement ès Regiftres des Bannieres de cette Cour, defdites
Lettres, Statuts, Ordonnances & Priviléges defdits Jurés &
Maîtres Charpentiers, lefdits nouveaux Statuts étant au nombre de cinquante & un Articles, & pour être exécutés felon
leur forme & teneur, laquelle Requête auroit été de notre
Ordonnance, communiquée au Sieur Procureur du Roi en
cette Cour, qu'il auroit confenti lefdits Statuts être lûs, pu-
bliés & regiftrés ès Regiftres des Bannieres de cette Cour,
pour être gardés felon leur forme & teneur, fuivant l'Arrêt
de la Cour du 22 Janvier dernier, portant vérification difdi-
tes Lettres & Statuts, à la réferve des Articles trois, quatre, trente-fix, trente-neuf, quarante-fept defdits Statuts :
Nous avons, du confentement du Sieur Procureur du Roi,
Ordonné que lefdits Articles & Statuts feront & demeureront

(24)

regiftrés ès Bannieres de cette Cour, pour y être gardés felon leur forme & teneur ; avec réferve toutefois portée par
ledit Arrêt du 22 Janvier dernier : En témoin de ce, Nous
avons fait fceller ces Préfentes, données & prononcées par
Meffire Dreux Daubray, Confeiller du Roi en fes Confeils
d'Etat & Privé, Lieutenant Civil de la Ville, Prevôté & Vicomté de Paris, le 16 Février 1652. Signé, HUBERT.

Sentences des Jurés Charpentiers. COUDRAY.

Collationné par Nous Confeiller & Secrétaire du Roi, Maifon,
Couronne de France & de fes Finances. DE POUCELLES.

❊❊❊❊❊❊❊❊❊❊❊❊❊❊❊❊❊❊❊❊❊❊❊❊❊❊❊❊❊❊

S E N T E N C E

Du premier Août 1698.

DE PAR LE ROI,

MONSIEUR LE PREVÔT DE PARIS,

OU M. SON LIEUTENANT GÉNÉRAL DE POLICE.

A TOUS ceux qui ces Préfentes Lettres verront, Char-
les-Denis de Bullion, Chevalier, Confeiller du Roi en
fes Confeils, Prevôt de Paris ; SALUT : fçavoir faifons, Que
vû le Procès extraordinairement pourfuivi devant Nous à la
Police, entre Mamert Poteau, Jacques Caquet, Jacques le
Roi & Euftache Laurent, tous Jurés en Charge de la Communauté des Maîtres Charpentiers à Paris, Demandeurs &
Complaignans, le Procureur du Roi joint d'une part ; &
Etienne Panel, François Boyer, Etienne Bonvalet, Jacques
Bonvalet, Jofeph Mandrou & Jacques Forget, tous Compagnons Charpentiers à Paris, & autres, Défendeurs & Accufés,
d'autre part : La plainte rendue au Commiffaire Duchefne,
l'aîné, le 27 Février 1698, par Antoine Petit, Anne Robe,
Mamert Poteau & Jofeph Caquet, Maîtres Charpentiers de
cette Ville, & Jurés de leur Communauté. Ordonnance du
28 dudit mois, qui permet d'informer : Information faite en
conféquence

(25)

conféquence par ledit Commiffaire Duchefne, l'aîné, les 1,
4, 7, 8, & 14 Mars enfuivant : Decret de prife de corps décerné contre les nommés Miret (dit Champagne) la Riviere,
Boyer, Jean Guerin, Louis Leftat, Panel le Breton, la
Cofte, Sylvain & Vendomos, le 21 dudit mois de Mars : Interrogatoire fubi par ledit Panel, le 29 Avril enfuivant : Sentence du 9 Mai auffi enfuivant, par laquelle il eft ordonné
que le témoins feront recollés & confrontés : Autre interrogatoire fubi par ledit Boyer, le 16 du même mois : Autre
Sentence du 17 du même mois, par laquelle il eft ordonné
que les témoins feront recollés & confrontés : Autre plainte
rendue audit Commiffaire Duchefne, l'aîné, par lefdits Jurés
Charpentiers, le 25 dudit mois de Mai, des faits y contenus :
Information faite par le même Commiffaire, les 28 & 30
defdits mois & an, 3 & 6 Juin enfuivant : Decret de prife
de corps décerné contre les nommés Jacques-Gilles Mirat,
Etienne le Gouteux, Etienne Bonvalet & fon fils, Chevels,
Defrevardins, Criquet, du Bois, Marois, Richard le jeune,
Jofeph Mandrou, la femme du nommé la Montagne, & la
femme de François Boyer, du 22 du même mois : Autre
plainte rendue par ledit Caquet audit Commiffaire Duchefne,
le 15 dudit mois de Juin, des faits y contenus : Information
faite en conféquence par le même Commiffaire, les 16 & 17
du même mois ; Decret d'ajournement perfonnel décerné contre Forget, le 22 dudit mois de Juin ; Interrogatoire fubi par
ledit Etienne Bonvalet, le 25 dudit mois : Autre Interrogatoire fubi par ledit Jacques Bonvalet, ledit jour 25 Juin :
Autre Interrogatoire fubi par Marguerite Grar, femme de
François Saffray, le 28 dudit mois : Autre Interrogatoire fubi
par ledit Mandrou, le 2 Juillet enfuivant ; Autre information
faite par le même Commiffaire, ledit jour 2 Juillet ; Autre
Interrogatoire fubi par ledit Forget, le 15 dudit mois, les
recollemens & confrontations des 4, 15, 22 & 23 dudit
mois de Juillet ; Requête préfentée par lefdits Jofeph Caquet,
Mamert Poteau, Jacques le Roy, & Euftache Laurent, Jurés
en Charge de la Communauté des Maîtres Charpentiers de
cette Ville de Paris, contenant leurs conclufions civiles ; Ordonnance étant au bas d'icelle, portant Acte foit-fignifiée
fans rétardation, le 19 Juillet dernier ; Signification d'icelle ;
Requête du 22 dudit mois de Juillet, faite aufdits Mandrou,

D

Panel, Boyer, Bonvalet, pere & fils, & Forget, par Royer
Gadroy, Sergent à Verge, contrôlée à Paris le même jour ;
les pieces produites par ladite Requête ; Conclusions du Procureur du Roi dès 21 & 24 dudit mois de Juillet ; Sommation
faite par ledit Gadroy, Sergent à Verge, audit Châtelet, le
31 Juillet dernier, ausdits Mandrou, Boyer, Forget, Bonvalet, pere & fils, & la femme du nommé la Montagne, de
comparoir le lendemain huit heures du matin, en la Chambre du Conseil de Police audit Châtelet de Paris, pour être
présens au jugement du procès qui se devoit juger au rapport
de Monsieur Langlois, Conseiller, & répondre à telles fins &
conclusions que le Procureur du Roi voudra contre eux
prendre, avec déclaration que ledit procès sera jugé, tant en
absence, que présence ; Les Interrogatoires subis debout par
lesdits Panel, Forget, Bonvalet, pere & fils, & ladite Grar,
femme de la Montagne, le premier Août ensuivant 1698.
Et tout vû & considéré ; NOUS par délibération du Conseil ; Oui sur ce le Procureur du Roi, DISONS, que lesdits
Panel, Forget, Boyer & Mandrou, sont déclarés duement
atteints & convaincus d'avoir au préjudice des Arrêts & Réglemens, notamment de l'Arrêt du Conseil du 16 Mars 1697,
emporté les Copeaux des Chantiers ; Pour réparation de quoi
& autres cas résultant du procès, condamnés d'être mandés
en la Chambre, le Conseil y étant, pour y être admonestés :
défenses à eux de recidiver, à peine de punition corporelle ;
condamnés chacun en trois livres d'aumône, & en dix livres
de dommages & intérêts envers les Jurés Charpentiers, &
en tous les dépens du procès. Et à l'égard desdits Etienne &
Jacques Bonvalet, pere & fils, & de ladite Magdelaine Grar,
femme de François Saffray, dit la Montagne ; ORDONNONS
qu'il en sera plus amplement informé pendant trois mois,
dépens, dommages & intérêts réservés à cet égard, & faisant droit sur la Requête desdits Jurés Charpentiers, du dix-
neuf Juillet dernier, & conclusions du Procureur du Roi ;
ORDONNONS que l'Arrêt du Conseil dudit jour 16 Mars
1697, sera exécuté selon sa forme & teneur ; & suivant icelui ; Faisons très-expresses inhibitions & défenses à tous Compagnons Charpentiers d'emporter les copeaux, bouts de bois
& billots des Chantiers, à peine de punition corporelle, & à
tous Maîtres Charpentiers de les laisser emporter ausdits Com-

pagnons, à peine de cinquante livres pour la premiere fois,
& de cent livres pour la feconde, au profit de la Communauté des Maîtres Charpentiers. Défendons pareillement à
toutes perfonnes de quelque qualité & condition qu'elles foient,
d'acheter defdits Compagnons Charpentiers, ou autres de
leur part, aucuns copeaux, bouts de bois & billots qu'ils
pourroient expofer en vente, ni même de les recevoir & retirer dans leurs maifons, à peine de cinquante livres d'amende
contre chacun des contrevenans, & de plus grande peine en
cas de recidive. Faifons défenfes aufdits Compagnons Charpentiers de s'affembler fous quelque prétexte que ce foit,
même de Confrairie ; & tous Supérieurs, Eccléfiaftiques Séculiers ou Réguliers, de fouffrir en leurs Eglife, Cloîtres &
autres lieux de leurs Maifons, aucunes affemblées defdits
Compagnons, fous prétexte defdites Confrairies ou autrement. Défendons pareillement aufdits Compagnons Charpentiers de s'affembler à cinq heures du matin dans la Place de
Grève, à peine de punition corporelle. Enjoignons aufdits
Compagnons de travailler exactement & fidellement fous les
ordres de leurs Maîtres ; & afin qu'aucun n'en puiffe prétendre caufe d'ignorance, Ordonnons que notre préfente Sentence fera inférée dans les Regiftres de la Communauté des
Maîtres Charpentiers de cette Ville, lûe, publiée & affichée
par-tout où befoin fera, & exécutée nonobftant oppofitions
ou appellations quelconques, & fans préjudice d'icelle : En
témoin de ce, Nous avons fait fceller ces Préfentes, qui
furent faites & jugées en la Chambre du Confeil de Police au
Châtelet de Paris, par Meffire MARC-RENÉ DE
VOYER DE PAULMY D'ARGENSON, Cheva-
lier, Confeiller du Roi en fes Confeils, Maître des Requêtes ordinaires de fon Hôtel, Lieutenant Général de Police de
la Ville, Prevôté & Vicomté de Paris, le Vendredi premier
jour d'Août 1698. Collationné, Signé, TARDIVEAU.

Prononcé audit Panel, pour ce atteint entre les deux Gui-
chets des Prifons du Grand Châtelet, par moi Greffier de
Police, fouffigné, le Jeudi fept Août feize cent quatre-vingt-
dix-huit, lequel Panel a dit qu'il acquiefçoit à ladite Sentence, & a déclaré ne fçavoir écrire, ni figner, de ce interpellé,
fuivant l'Ordonnance. Signé, TAUXIER.

D ij

Et le Vendredi huitiéme difdits mois & an, ledit Panel a été mandé en la Chambre du Confeil de Police, où étoient Monfieur le Lieutenant Général de Police, Meffieurs Belin, Doyen-Guilleris, Quefmart & Chardon, Confeillers ; & étant ledit Panel entré & debout, a été admonefté, fuivant la Sentence ci-deffus, & a mis ès mains de moi Greffier de Police, fouffigné, les trois livres d'aumône en quoi il a été condamné par ladite Sentence ; lefquelles trois livres ont à l'inftant été par moi données au Sieur Vallon, Concierge des Prifons du Grand Châtelet, pour les pauvres Prifonniers defdites Prifons, en conféquence de quoi, ledit Panel a été mis en liberté. Signé, TAUXIER.

Contrôlé à Paris le 26 Septembre 1698. Et figné, GUYOT.

ARREST

Conformatif de la Sentence du premier Août 1698.

EXTRAIT DES REGISTRES
de la Cour du Parlement.

LOUIS par la grace de Dieu, Roi de France & de Navarre : A l'un des Huiffiers de notre Cour de Parlement, ou autre notre Huiffier ou Sergent fur ce requis : Sçavoir faifons, que fur le différend mû & pendant en notredite Cour entre Jofeph Mandron, Jean-François Boyer & Jacques Forget, tous Compagnons Charpentiers à Paris, Appellans d'une Sentence contre eux rendue par le Lieutenant Général de Police au Châtelet de Paris, le premier Août 1698, d'une part ; & Mamert Poteau, Jofeph Caqué, Jacques le Roy & Euftache Laurent, tous Jurés en charge de la Communauté des Maîtres Charpentiers de la Ville & Fauxbourgs de Paris, Intimés d'autre part. Vû par notredite Cour en la cinquiéme Chambre des Enquêtes, le Procès par écrit conclu & reçu pour juger en la maniere accoutumée par Arrêt du 25 Février 1699, fi bien ou mal auroit été appellé, les dépens, refpectivement requis par les Parties, & l'amende pour Nous, & auroient été lefdites Parties appointées, à fournir moyens de nullité, réponfes, faire production nouvelle & contredire, le tout dans le tems porté par l'Ordonnance. Ladite Sentence rendue par ledit Lieutenant Général du Police audit Châtelet, ledit jour premier Août 1698, entre lefdits Mamert Poteau, Jofeph Caqué, Jacques le Roy, & Euftache Laurent, tous Jurés en charge de la Communauté des Maîtres Charpentiers à Paris, Demandeurs & Complaignans, le Subftitut de notre Procureur Général audit Châtelet joint d'une part : Et lefdits Etienne Panel, François Boyer, Etienne Bonvalet, Jacques Bonvalet, Jofeph Mandron & Jacques Forget, tous Compagnons Charpentiers à Paris, & autres, Défendeurs & Accufés d'autre ; par laquelle il auroit été dit que lefdits Panel, Forget & Mandron étoient déclarés dûement atteints & convaincus d'avoir, au préjudice des Arrêts & Réglemens, & notamment de l'Arrêt du Confeil du 16 Mars 1697, emporté les copeaux des chantiers ; pour réparation de quoi, & autres cas réfultans du Procès, condamnés d'être mandés en la Chambre, le Confeil y étant, pour y être admoneftés ; défenfes à eux faites de récidiver, à peine de punition corporelle, & condamnés chacun en trois livres d'aumône, & en dix livres de dommages & intérêts envers les Jurés Charpentiers, & en tous les dépens du Procès. Et à l'égard defdits Etienne & Jacques Bonvalet pere & fils, & de ladite Magdeleine Grar, femme de François Saffray, dit la Montagne, ordonné qu'il en feroit plus amplement imformé pendant trois mois, dépens, dommages & intérêts réfervés à cet égard ; & faifant droit fur la Requête defdits Jurés Charpentiers du 19 Juillet audit an 1698, & conclufions du Subftitut de notre Procureur Général, auroit été ordonné que l'Arrêt du Confeil dudit jour 16 Mars 1697 fera exécuté felon fa forme & teneur, & fuivant icelui défenfes & inhibitions très-expreffes faites à tous Compagnons Charpentiers d'emporter les copeaux, bouts de bois & billots des chantiers, à peine de punition corporelle, & à tous Maîtres Charpentiers de les laiffer emporter aufdits Compagnons, à peine de cinquante livres pour la premiere fois, & de cent livres pour la feconde, au profit de la Communauté des Maîtres Charpentiers, pareillement défendu à toutes perfonnes de quelque qualité & condition qu'elles fuſſent, d'acheter deſdits Compagnons Charpentiers, ou autres de leur part, aucuns copeaux, bouts de bois & billots qu'ils pourroient expoſer en vente, ni même de les recevoir & retirer dans leurs maiſons, à peine de cinquante livres d'amende contre chacun des contrevenans, & de plus grande peine en cas de récidive : Défenſes faites auſdits Compagnons Charpentiers de s'aſſembler, ſous quelque prétexte que ce fut, même de Confrairie, à tous Supérieurs Eccléſiaſtiques, Séculiers ou Réguliers, de ſouffrir en leurs Egliſes, Cloîtres & autres lieux de leurs Maiſons, aucunes aſſemblées deſdits Compagnons, ſous prétexte deſdites Confrairies ou autrement : défenſes pareillement faites auſdits Compagnons Charpentiers de s'aſſembler à cinq heures du matin dans la Place de Grève, à peine de punition corporelle. Enjoint auſdits Compagnons de travailler exactement & fidellement ſous les ordres de leurs Maîtres ; & afin qu'aucun n'en puiſſe prétendre cauſe d'ignorance, ordonné que ladite Sentence ſera inſerée dans les Regiſtres de la Communauté des Maîtres Charpentiers de ladite Ville, lûe, publiée & affichée par-tout où beſoin ſera, & exécutée nonobſtant oppoſitions ou appellations quelconques, & ſans préjudice d'icelle. Moyens de nullités deſdits Mandron, Boyer & Forget du 4 Août 1699, contenant leurs concluſions. Réponſes deſdits Poteau & Conforts du 23 Novembre 1699. Requête deſdits Mandron, Boyer & Forget du 10 Juillet 1700, employée pour ſalvations. Requête deſdits Mamert Poteau & Conforts du 14 Juillet 1700, employée pour réponſes. Production nouvelle deſdits Mandron, Boyer & Forget par Requête du 2 Avril 1700. Requête deſdits Jurés, Corps & Communauté des Maîtres Charpentiers, du 8 Mai audit an, employée pour Contredits. Requête deſdits Maîtres Charpentiers du 10 Avril 1690. Requête deſdits Mandron, Boyer & Forget, du 31 Août 1699, employée pour défenſes, écritures & productions, ſuivant ladite Ordonnance. Requête deſdits Maîtres Charpentiers du 23 Novembre 1699, employée pour réponſes & contredits. Requête deſdits Mandrons, Boyer & Forget du 10 Juillet 1700, employée pour réponſes à ſalvations. Sommation de fournir par eux de contredits. Trois productions nouvelles deſdits Maîtres Charpentiers, par Requête des 14 Avril 1699, 19 Février & 2 Mars 1700.

Sommation de fournir de contredits contre icelles par lefdits Mandron, Boyer & Forget : Inftance entre Etienne Legouteux & François Saffray, dit Lamontagne, Compagnons Charpentiers de ladite Ville & Fauxbourgs de Paris, Marguerite Grar femme dudit Saffray, Demandeurs en Requête par eux préfentée en notredite Cour le 9 Mars 1700, d'une part, & lefdits Jean-François Boyer, Jacques Forget & Conforts, tous Compagnons Charpentiers à Paris, & lefdits Jurés, Corps & Communauté des Maîtres Charpentiers de ladite Ville de Paris, Défendeurs d'autre ; ladite Requête defdits Legouteux, Saffray & Conforts dudit jour 9 Mars 1700, à ce qu'ils fuffent reçus Parties intervenantes au Procès appointé entre lefdits Syndic, Jurés & Communauté defdits Maîtres Charpentiers, & lefdits Mandron, Boyer & Forget, diftribué à notre amé & féal M. Claude le Rebours Confeiller, qu'acte leur fût donné de leur intervention, & faifant droit fur icelle, qu'ils fuffent reçus oppofans à l'exécution des Arrêts des 30 Août 1631 & 7 Septembre 1656, & Appellans defdits permiffions d'informer. Information, Decret de prife de corps, emprifonnemens, interrogatoires, & de toutes les pourfuites & procédures qui auroient été faites en conféquence, enfemble de ladite Sentence dudit jour 1 Août 1698, & de ce qui s'en étoit enfuivi, tant comme Juge incompétent qu'autrement ; d'une part, & lefdits Jurés & Maîtres Charpentiers de ladite Ville de Paris, Intimés d'autre. Requête defdits Maîtres Charpentiers du 19 Avril 1700, employée pour fins de non recevoir. Réponfes, défenfes, écritures & productions fuivant ledit Arrêt. Productions, réponfes defdits Legouteux, Saffray & Conforts, & lefdits Maîtres Charpentiers. Requête defdits Maîtres Charpentiers du 24 Juillet 1700, employée pour contredits. Sommation d'en fournir par lefdits Legouteux, Saffray & Conforts, & par lefdits Mandron, Boyer & Forget, fournir de réponfes, écrire, produire & contredire en exécution dudit Arrêt. Autre Inftance entre lefdits Jofeph Mandron, Jean-François Boyer & Jacques Forget, Compagnons Charpentiers de la Ville de Paris, Demandeurs en Requête par eux préfentée à notredite Cour le 20 Avril 1700 d'une part ; & ladite Communauté des Maîtres Charpentiers de ladite Ville & Fauxbourgs de Paris, Défendeurs & Intimés, d'autre part. Arrêt du 22 Avril 1700,

par lequel fur lefdites appellations & oppofitions, les Parties
auroient été appointées au Confeil en droit & joint au Procès d'entre lefdites Parties pendant au rapport dudit Meffire
Claude le Rebours Confeiller, le tout dans trois jours, pour
leur être fait droit ainfi que de raifon, joint les fins de non
recevoir de la Communauté des Maîtres Charpentiers, qui
étoient que lefdits Mandron, Boyer & Forget n'étoient pas
recevables dans l'oppofition par eux formée à l'exécution defdits Arrêts defdits jours 30 Août 1631 & 5 Septembre 1656,
défenfes au contraire, fur lefquelles feroit préalablement ou
autrement fait droit ainfi que de raifon. Acte donné aufdits
Mandron, Boyer & Forget, de l'emploi porté par leur Requête. Requête defdits Jurés & Communauté defdits Maîtres
Charpentiers du 4 Mai 1700, employée pour fins de non
recevoir, réponfes & caufes d'appel, défenfes, écritures &
productions, fuivant ledit Arrêt. Sommation de fatisfaire
audit Arrêt par lefdits Mandron, Boyer & Forget, & fuivant icelui, écrire, produire & contredire, même auffi par
lefdits Maîtres Charpentiers fournir de contredits, & par lefdites Parties de fatisfaire à tous les Réglemens intervenus au
Procès : Conclufions de notre Procureur Général, tout joint
& confideré : NOTREDITE COUR faifant droit fur le
tout, fans avoir égard aux fins de non recevoir defdits Maîtres Charpentiers ni à l'intervention defdits Etienne Legouteux, François Saffray, dit la Montagne, & Marguerite Grar
fa femme, dont ils font déboutés, a mis les appellations au
néant. Ordonne que la Sentence & ce dont a été appellé for-
tiront effet, & néanmoins fans dommages & intérêts, déboute
lefdits Legouteux, Saffray, Grar, Mandron, Boyer & Forget de leurs oppofitions : ordonne que les Arrêts des 30 Août
1631 & 5 Septembre 1656 feront exécutés, & fur le furplus
des demandes les Parties hors de Cour & de Procès : condamne
lefdits Mandron, Boyer, Legouteux, Saffray & Grar en une
amende ordinaire de douze livres, & en tous les dépens des
caufes d'appel & inftances, chacun à leur égard, la taxe
d'iceux à notredite Cour réfervée. A CES CAUSES, te mandons mettre le préfent Arrêt à dûe & entiere exécution, &
faire pour raifon au fujet & a l'occafion d'icelui, tous Ex-
ploits, Commandemens, Significations & autres Actes de Juftice
requis & néceffaires : de ce faire te donnons pouvoir. DONNÉ

en

en Parlement le sixiéme jour de Septembre, l'an de grace mil
sept cent, & de notre Regne le cinquante-huitiéme. Collationné. Par la Chambre.

DE LA BAUNELLE.

A R R E S T

DU CONSEIL D'ÉTAT

DU ROI,

Rendu en faveur de la Communauté des Maîtres Charpentiers
de la Ville & Fauxbourgs de Paris, le 16 Mars 1697.

Extrait des Registres du Conseil d'Etat.

SUR la Requête présentée au Roi en son Conseil par les
Jurés, Corps & Communauté des Maîtres Charpentiers de la
Ville, Fauxbourgs & Banlieue de Paris, tendante à ce que pour
les causes y contenues il plût à Sa Majesté homologuer la Délibération de la Communauté du 28 Décembre 1696, pour être
exécutée selon sa forme & teneur. Vû ladite Requête & Délibération du 28 Décembre 1696. Oüi le Rapport du Sieur Phe-
lyppeaux de Pontchartrain, Conseiller ordinaire au Conseil
Royal, Contrôleur Général des Finances. LE ROI EN
SON CONSEIL a ordonné & ordonne qu'en payant par
la Communauté des Maîtres Charpentiers de Paris, la somme
de 9000 livres pour la Finance des Offices d'Auditeurs-Exa-
minateurs des Comptes créé par Edit du mois de Mars 1694,
& celle de 900 livres pour les deux sols pour livre de ladite
Finance, lesdits Offices seront & demeureront réunis &
incorporés pour toujours à ladite Communauté, sans qu'il
soit besoin de prendre des Lettres de Provision, dont Sa Majesté a relevé & dispensé les Maîtres Charpentiers; ce faisant,
la Communauté jouira, suivant l'Arrêt du Conseil du 4 Septembre 1696, de 200 livres de gages effectifs, attribués ausdits Offices d'Auditeurs & Examinateurs des Comptes, & du

E

droit Royal, à commencer depuis ledit Edit du mois de Mars 1694, tel qu'il a été établi par celui du mois de Mars 1691. Ordonne pareillement du confentement defdits Guimier, Poiffon, Mallet & la Porte, que les Offices des Jurés, créés par Edit du mois de Mars 1691, dont ils font pourvûs, feront & demeureront dès à préfent réunis & incorporés pour toujours à ladite Communauté, à la charge par elle de payer & rembourfer à chacun defdits Guimier, Poiffon, Mallet & la Porte, la fomme de 3000 livres, revenant pour le tout à celle de 12000 livres, & jufqu'à ce, qu'elle leur en payera l'intérêt au denier vingt; auquel effet lefdits Offices de Jurés avec les droits de Vifite, à raifon de fix livres par chacun an, & ceux de Réception des Maîtres, à raifon de 300 livres par chacun defdits Maîtres, demeureront affectés & hypotéqués par privilége fpécial, au payement des principaux & intérêts de ladite fomme de 12000 livres. Ordonne Sa Majefté conformement à la délibération de la Communauté des Maîtres Charpentiers, du 28 Décembre dernier, qu'il fera inceffamment procédé à l'élection de quatre nouveaux Jurés-Syndies, dont deux feront nommés pour une année feulement, & les deux autres pour deux années : Que tous les Maîtres feront tenus d'accepter ladite Charge, s'ils y font nommés, nonobftant qu'ils foient pourvûs d'autres Charges ou emplois particuliers, par le moyen defquels ils pourroient prétendre d'en être exempts, à l'exception defdits Guimier, Poiffon, Mallet & la Porte, qui en feront exempts : Qu'il fera procédé tous les ans à l'avenir à l'élection de deux nouveaux Jurés, lefquels exerceront leurs fonctions en vertu des Commiffions qui leur feront délivrées par le Procureur de Sa Majefté au Châtelet, fans être obligés de prendre des Lettres de Provifion ni de confirmation, dont Sa Majefté les a difpenfés, dérogeant pour cet égard à fon Edit du mois de Mars 1691. Que lefdits Jurés prendront foin de recevoir les gages & autres droits appartenans à la Communauté, pour les employer à payer tous les fix mois les intérêts des fommes dûes par la Communauté, & feront même obligés en leurs noms à payer aufdits Guimier, Poiffon, Mallet & la Porte, la rente de la fomme de 12000 livres pour le prix des Offices de Jurés, par eux cédés à ladite Communauté, faute, duquel payement dans chaque année, ils y pourront rentrer après

trois fimples fommations feulement, pendant trois jours con-
fécutifs, & en vertu du préfent Arrêt, dans la poffeffion de
leurs Charges ; auquel effet les quittances de finance & Lettres de Provifion demeureront entre leurs mains, jufqu'à leur
entier & parfait payement : Et pour faciliter à ladite Communauté les moyens de payer la fomme de 9000 livres pour
la Finance des Offices d'Auditeurs des Comptes , celle de
900 livres pour les deux fols pour livre de ladite Finance ,
même les frais de garnifon & autres ; permet Sa Majefté aux
Jurés d'icelle, d'emprunter au nom de ladite Communauté
jufques à la fomme de 10500 livres, auquel effet chacun des
Maîtres fera tenu de payer la fomme pour laquelle il aura été
compris dans le Rôle de répartition de ladite fomme de
10500 livres, à quoi faire les refufans feront contraints comme
pour les propres deniers & affaires de Sa Majefté ; & en outre
chaque Maître Privilégié & non Privilégié payera par chacun
an, en quatre payemens égaux, de trois mois en trois mois ,
entre les mains des Jurés-Syndics, la fomme de 20 livres, y
compris celle de fix livres, à laquelle montent les anciens
droits de Vifite, jufques à ce que les dettes foient entierement
acquittées, au profit de laquelle il fera payé pour la reception d'un Maître, la fomme de 500 livres, & pour celle d'un
fils de Maître 300 livres ; lefquelles fommes feront employées
à rembourfer quelque partie des principaux dûs par la Communauté, & feront lefdites Réceptions faites fur une fimple
expérience en préfence des Jurés du Roi ès Œuvres de Charpenterie, qui font les Experts préfens & à venir, pourvû
qu'ils n'excedent pas le nombre de quatre, & qu'ils ayent
dix ans de Maîtrife, lefquels affifteront aux Réceptions qui
fe feront au Bureau de la Communauté, & auront le même
rang qu'ils avoient avant la création des Jurés en titre d'Office. Seront auffi lefdits Mallet & la Porte mandés aux Réceptions des Maîtres & autres affemblées de la Communauté,
conjointement avec lefdits Jurés-Syndics, & auront chacun
pour leurs droits à chaque Réception de Maîtres, douze Jettons d'argent, fans qu'ils puiffent, fous peine de concuffion,
exiger de plus grandes fommes. Seront auffi mandés aux Réceptions quatre Maîtres ; fçavoir, deux modernes & deux
jeunes, chacun à leur tour, qui auront pour leur affiftance,
quatre Jettons d'argent, & les expériences faites feront mifes

E ij

dans un Coffre qui fera dans le Bureau de la Communauté, fermant à deux clefs, dont l'une fera mife entre les mains de l'un des anciens Jurés-Syndics, & l'autre entre les mains de l'un des nouveaux Jurés-Syndics. Ordonne Sa Majefté, qu'auffi-tôt que les Jurés-Syndics feront fortis de Charge, & au plus tard quinze jours après, ils feront tenus de rendre compte de ce qu'ils auront reçû & payé, par-devant le Procureur de Sa Majefté au Châtelet, en préfence des Jurés-Experts qui y feront mandés par un fimple billet, pour y venir fi bon leur femble, des quatre Jurés-Syndics, de deux anciens, deux modernes, & deux jeunes, qui y feront appellés alternative-ment, fuivant l'ordre du Tableau : & s'il refte des deniers en-tre les mains des Jurés fortis de Charge, après tous les in-térêts payés, ils feront employés au rembourfement de quel-que partie des principaux, à commencer par lefdits Güimier, Poiffon, Mallet & la Porte, & enfuite par les veuves & héri-tiers des Maîtres qui auront prêté & feront depuis décédés. Que les Jurés-Syndics auront deux Regiftres fur lefquels ils écriront toutes les fommes qu'ils auront reçûes & payées, & toutes les affaires de la Communauté. Que les Vifites fe feront au moins deux fois le mois dans les Bâtimens, Chantiers des Maîtres, Attelliers, & où befoin fera, par deux Jurés ; fça-voir, un Expert-Juré Charpentier, fuivant l'Edit de création du mois de Mai 1690, lequel fera averti à fon tour, & ira, fi bon lui femble, & un Juré-Syndic, & en cas d'abfence de l'un defdits Jurés, la Vifite en fera faite par celui des deux qui s'y trouvera. Et feront lefdits Experts & Syndics, ou l'un d'eux en l'abfence de l'autre, affifté de quatre Maîtres, chacun à leur tour, fuivant l'ordre du Tableau, fans qu'ils puiffent s'en exempter, fous quelque prétexte que ce puiffe être, finon & en cas de maladie, à peine de dix livres d'amen-de au profit de la Communauté ; & les Procès-Verbaux fe-ront mis entre les mains des Jurés-Syndics, pour en faire les pourfuites en la Chambre du Procureur de Sa Majefté, au Châtelet, en la manière accoûtumée. Fait Sa Majefté défenfes à tous Compagnons Charpentiers d'emporter aucun copeaux des Chantiers, à peine de punition corporelle, & aux Maîtres d'en laiffer emporter, à peine de 50 livres d'amende pour la premiere fois, & de 100 livres pour la feconde, au profit de la Communauté. Ordonne en outre Sa Majefté que les

'Arrêts & Réglemens concernant la prohibition aux Maçons d'entreprendre de faire des Bâtimens la clef à la main, & à tous Maîtres Charpentiers de fournir la Charpente pour les Maçons, feront exécutés felon leur forme & teneur, 'avec défenfes d'y contrevenir fous les peines y contenues, & conformément à ladite Délibération du 28 Décembre 1696 : Que lefdits Guimier, Poiffon, Mallet & la Porte, feront déchargés de rendre aucuns comptes à la Communauté des deniers par eux reçûs & employés jufqu'au jour du préfent Arrêt, & de tous les droits qui pourront être prétendus par les Jurés, dont ils demeureront quittes les uns envers les autres. Et au furplus, que les Statuts, Ordonnances, Arrêts & Réglemens concernans la Communauté, feront exécutés felon leur forme & teneur, & pour l'exécution du préfent Arrêt, toutes Lettres néceffaires feront expédiées. F A I T au Confeil d'Etat du Roi, tenu à Verfailles le 16 Mars 1697. Collationné.

Signé, GOUJON.

EXTRAIT DES REGISTRES
de Parlement.

ENTRE Nicolas Coquerel, Maître Charpentier à Paris, Appellant des Sentences & Jugemens rendus par le Général des Œuvres de Maçonnerie des Bâtimens du Roi, Ponts & Chauffées de France, les 17 & 23 Août 1646, 11, 23 & 30 Mars 1651, & de tout ce qui s'en eft enfuivi, & autres rendues en conféquence, portant condamnation d'amende pour avoir entrepris des ouvrages de Maçonnerie, contre & au préjudice des Réglemens & Arrêts de la Cour, d'une part ; & Charles Gazeau, Syndic de la Communauté des Maîtres Maçons de la Ville & Fauxbourgs de Paris, Intimé, d'autre ; & encore François le Roi, Nicolas Coquerel, Jacques Couvreur & Jean Boucher, Jurés, Maîtres & Gardes de ladite Communauté des Charpentiers de cette Ville & Fauxbourgs de Paris, Demandeurs en Requête du à ce qu'ils fuffent reçûs Parties intervenantes en l'inftance d'Appel d'entre ledit Coquerel & lesdits Gazeau audit nom ; faisant droit sur leur intervention, que conformément aux Réglemens & Arrêts de la Cour ; que défenses soient faites à tous Maîtres Maçons d'entreprendre des Ouvrages de Charpenterie, sur les peines y portées, & autres qu'il lui plaira d'ordonner, d'autre ; & lesdits Gazeau & Coquerel Défendeurs, d'autre : Et entre ledit Gazeau, Syndic des Maîtres Maçons à Paris, Demandeurs en Requête présentée à la Cour audit nom de Syndic, le   à ce qu'ils fussent pareillement reçûs Parties intervenantes esdites causes d'Appel, faisant droit sur son intervention, il plût à la Cour réitérer les défenses ci-devant faites à tous Charpentiers d'entreprendre des Ouvrages pour le fait de Maçonnerie, sur peine de plus grande amende que celle portée par lesdits Réglemens & Arrêts, s'il y échet, aussi d'autre, & lesdits Jurés Maîtres & Gardes des Charpentiers, Défendeurs d'autre. APRÈS que Me Ragueneau, Avocat pour lesdits Coquerel & Jurés Charpentiers, & Me Robert Deschamps, Avocat pour ledit Gazeau, audit-nom de Procureur-Syndic, ensemble les Procureurs des Parties, Me Michel Villedot, Général des Œuvres de Maçonnerie des Bâtimens du Roi, ont été ouis au Parquet des Gens du Roi, & par leur avis demeurés d'accord de l'appointement qui en suit. Appointé est ; Oüi sur ce le Procureur Général du Roi, que LA COUR a mis & met les appellations au néant ; Ordonne que les Sentences, dont est Appel, sortiront leur plein & entier effet ; condamne l'Appellant aux dépens de la cause d'Appel, liquidés à seize livres tournois : & ayant égard aux Requêtes respectivement présentées par ledit Gazeau, audit nom de Procureur des Maîtres Maçons, & lesdits Jurés Maîtres & Gardes Charpentiers, les a reçûs Parties intervenantes, faisant droit sur leur intervention ; a ordonné & ordonne que les Arrêts & Réglemens seront exécutés, ce faisant & suivant iceux, leur fait itératives défenses respectives d'entreprendre aucuns Ouvrages l'un sur l'autre de leur métier, sur les peines y portées, & de 500 livres d'amende, qui sera payable par chacun contrevenant, en vertu du présent Arrêt. FAIT en Parlement le 21 Février 1652.

Signé, SUYET.

EXTRAIT DES REGISTRES
du Conseil d'Etat du Roi.

LE ROI en son Conseil a ordonné & ordonne que les Arrêts & Réglemens concernant la prohibition aux Maçons d'entreprendre de faire des Bâtimens la clef à la main, & à tous Charpentiers, de fournir la Charpente pour les Maçons, seront exécutés selon leur forme & teneur, avec défenses d'y contrevenir, sur les peines y contenues. FAIT au Conseil d'Etat du Roi, tenu à Versailles le 16 Mars 1697. Collationné. *Signé*, GOUJON.

Permis de signifier & d'afficher lesdits Arrêts. Fait ce Janvier 1698. Signé, MARC DE VOYER D'ARGENSON.

EXTRAIT DES REGISTRES
du Conseil Privé du Roi.

LOUIS par la Grace de Dieu, Roi de France & de Navarre : A tous ceux qui ces Présentes Lettres verront ; SALUT. Par notre Edit du mois d'Août 1701, Nous avons ordonné que tous les Officiers de notre Royaume dont les Offices sont héréditaires ou en survivance, demeureroient maintenus & confirmés dans l'hérédité, à la charge de nous payer par chacun d'eux les sommes pour lesquelles ils seroient compris dans les Rôles qui seroient arrêtés à cet effet, & les deux sols pour livre d'icelles qui leur tiendroient lieu d'augmentation de Finance, & par Arrêt de notre Conseil du onze Juillet 1702 ; Nous avons ordonné que ledit Edit seroit exécuté à l'égard des Communautés & Officiers, tant de Judicature qu'autres qui ont fait réunir à leurs Corps & Communautés des Offices, droits ou taxations héréditaires, nonobstant la prétention où ils étoient de n'être point dans le cas

de cette confirmation, en conséquence desquels Edit & Arrêts,
les Jurés, Corps & Communauté des Maîtres Charpentiers de
notre bonne Ville de Paris, ont été employés pour la somme
de 7000 livres, & les deux sols pour livre, à cause des Offices
des Syndics, Jurés & Auditeurs des Comptes de leur Communauté, créés ès années 1691, & 1694, dont Nous leur
avons ci-devant accordé la réunion : Et comme par autre Edit
du même mois de Juillet 1702, Nous avons créé par chacun
Corps des Marchands & Communautés d'Arts & Métiers de
notre Royaume, un Trésorier, Receveur & Payeur de leurs
deniers communs, lesdits Jurés & Maîtres de ladite Communauté, prenant occasion de ladite taxe & confirmation d'hérédité, laquelle ils auroient prétendu toujours ne pas devoir ;
Mais voulant en cela Nous marquer leur soumission, & con-
sidérant qu'il ne pouvoit y avoir rien de si avantageux pour
leur Communauté que d'y réunir pareillement ledit Office de
Trésorier avec les taxations & droits qui y sont attachés, &
les Gages tels qu'il Nous plairoit d'y attribuer ; ils Nous auroient très-humblement fait supplier de leur accorder ladite
réunion, & de Nous contenter d'une somme de 10550 livres
de principal, & de 1055 livres pour les deux sols pour livre,
tant pour la Finance dudit Office, que pour ladite taxe de
confirmation d'hérédité : Laquelle proposition & offre Nous
avons bien voulu accepter, & en conséquence avons ordonné par
Arrêt de notre Conseil du 30 Janvier 1703, qu'ils pourroient
par eux faire exercer ou par telle personne qu'ils aviseront bon
être, qu'en payant par eux lesdites sommes dans certain temps,
ils jouiront du bénéfice de ladite confirmation & dudit Office de
Trésorier, qui demeureroit uni & incorporé à leur Communauté, avec les Droits, Priviléges & Exemptions y attribués,
& de 210 livres de Gages actuels & effectifs par chacun an, à
commencer du premier du mois de Janvier 1703, même leur
avons permis d'emprunter lesdites sommes en tout ou partie,
& accordé aux Prêteurs le privilége & hypoteque spécial
sur ledit Office, Droits & Gages y attribués : Pour l'exécution desquelles offres, & attendu qu'ils ne sont pas assurés de
trouver à emprunter dans le Public des deniers suffisans pour
les remplir : comme ils n'ont rien tant à cœur que de Nous
marquer leur zéle & leurs obéissances à nos volontés, ils
croyent qu'ils seront obligés de lever par forme de prêt sur

eux-mêmes

eux-mêmes ce qui leur pourra manquer, laquelle levée ils
ne peuvent faire fans notre permiffion ; D'ailleurs jugeant
néceffaire de pourvoir à ce que les arrérages des fommes qu'ils
emprunteront du Public ou qu'ils léveront par répartition,
foient exactement payés, & même qu'il puiffe y avoir de
tems à autre du revenant-bon pour l'employer à l'extinction
du principal, ce qui ne fe peut faire qu'en impofant quelques
droits nouveaux fur les Vifites & fur les Réceptions, & en fe
prefcrivant des Réglemens qui les maintiennent dans un exacte
difcipline, & empêchent les abus qui détruifent ordinairement
les Communautés les mieux établies, ils ont pris entre eux
fous notre bon plaifir le 18 Juin 1704, une Délibération
contenant quelques difpofitions qu'ils défireroient qu'il Nous
plût autorifer, & voulant favorablement traiter ladite Communauté des Maîtres Charpentiers de notre bonne Ville de
Paris, leur donner des marques de la fatisfaction que Nous
avons de leur obéiffance, & leur faire fentir les effets de notre protection : A CES CAUSES, & autres à ce Nous mou-
vans, après avoir fait examiner en notre Confeil les Articles
& Propofitions que lefdits Maîtres Charpentiers ont fait ré-
diger par écrit, ladite Délibération prife en leur Communauté
ledit jour 10 Juin 1704, enfemble ledit Arrêt du 30 Janvier
1703, & de notre certaine fcience, pleine puiffance & autorité Royale, Nous avons par ces Préfentes fignées de notre
main, conformément à notre Edit du mois d'Août 1701, à
l'Arrêt de notre Confeil du 11 Juillet 1702, & à celui dudit
jour 30 Janvier 1703, maintenu & confirmé, maintenons &
confirmons ladite Communauté des Maîtres Charpentiers de
notre bonne Ville de Paris, dans l'hérédité des Offices de
Syndic, Jurés & d'Auditeur de leurs Comptes, dont Nous
leur avons ci-devant accordé la réunion, & de la même autorité que deffus, avons uni & incorporé, uniffons & incor-
porons à ladite Communauté l'Office de Tréforier, Receveur
& Payeur de leurs deniers communs, créé par notre Edit du
mois de Juillet 1702, pour jouir par eux des droits, priviléges Exemptions y attribués, & en outre de 210 livres de Gages actuels & effectifs par chacun an, à commencer du premier Janvier 1703, fans que pour raifon dudit Office, ils
foient tenus de prendre aucunes Lettres de Provifions, ni
qu'ils foient tenus ci-après d'aucune taxe de confirmation

F

d'hérédité, ni autres, dont Nous les déclarons exempts, à la charge de payer par eux, tant pour ladite confirmation d'hérédité des Offices de Syndic & d'Auditeur, que pour ledit Office de Tréforier la fomme de 10550 livres de principal fur les quittances du Receveur de nos deniers cafuels, & en attendant l'expédition, fur les Récépiffés de Me Jean Garnier, que Nous avons chargé de ce recouvrement, ou de fes Procureur & Commis, portant promeffes de les fournir, & de celle de 1055 livres pour les deux fols pour livre, fur les quittances dudit Garnier, lefdites deux fommes faifant enfemble celle de 11605 livres, payable dans les termes porttés par ledit Arrêt dudit jour 30 Janvier 1703, à l'effet de quoi PERMETTONS aux Jurés-Syndics de la Communauté de préfent en charge, d'emprunter conformément audit Arrêt, ou d'impofer fur tous les Maîtres de ladite Communauté, fi fait n'a été, par forme de prêt, le plus équitablement que faire fe pourra, la fomme de 11605 livres, & celle de 400 livres pour fournir à la dépenfe defdits emprunts, fuivant l'état de répartition qui en fera arrêté par le Sieur d'Argenfon, Maître des Requêtes, Lieutenant Général de Police de notre bonne Ville & Fauxbourgs de Paris, lequel état Nous entendons être exécuté felon fa forme & teneur ; & les dénommés en icelui contraints au payement des fommes pour lefquelles ils y feront employés par les voyes & ainfi qu'il eft accoutumé, pour nos deniers & affaires. VOULONS que ceux qui prêteront, ayent privilége & hypotéque fpécial fur lefdits gages & droits attribués audit Office de Tréforier, fur les deniers qui feront levés par augmentation, en conféquence des Préfentes, & généralement fur tous les biens, effets & revenus de ladite Communauté, & que les arrérages leur en foient payés d'année en année à raifon du denier vingt ; & pour donner moyen à ladite Communauté, non-feulement de payer annuellement lefdits arrérages, mais encore d'acquitter de tems à autre quelque chofe fur le principal, en forte qu'elle foit libérée le plus promptement qu'il fera poffible, comme auffi pour maintenir la difcipline qui doit être entre eux, & empêcher les entreprifes qui fe font fur leur Profeffion, Nous avons par ces mêmes Préfentes, dit, ftatué & ordonné, difons, ftatuons & ordonnons, voulons & Nous plaît, ce qui enfuit.

ARTICLE PREMIER.

Ordonnons que l'Article cinquante des Statuts de ladite Communauté, regiſtrés en notre Parlement de Paris, le vingt-deux Janvier 1652, ſoit exécuté ſelon ſa forme & teneur, & en conſéquence conformément à l'Arrêt dudit Parlement du vingt-un Février audit an, défendons à tous Maîtres Maçons, & à tous autres Maîtres, d'entreprendre aucuns Ouvrages ſur la Profeſſion de Charpenterie, de les mettre à prix, & de les faire adjuger, ni aucuns Bâtimens & Maiſons pour les rendre la clef à la main, à peine de quinze cens livres d'amende, applicable un tiers au profit de la Communauté, un tiers à l'Hôpital, & l'autre tiers au Dénonciateur : Comme auſſi défendons, ſous les mêmes peines auſdits Maçons & autres Maîtres de donner aucunes quittances d'emploi pour la Charpente, d'avoir des magaſins de bois de Charpente, ni neuf, ni vieux, d'en faire aucun regrat, & à tous Maîtres Charpentiers de prêter leurs noms à aucuns Maçons, ni autres Maîtres pour leſdites entrepriſes : Défendons pareillement auſdits Charpentiers d'entreprendre aucuns Ouvrages concernans la Maçonnerie ou autre Profeſſion, ſous les mêmes peines.

I I.

Voulons que pour empêcher tous abus & fraudes les Architectes, Jurés, Bourgeois & Experts faiſant Devis & Procès-Verbaux, de priſées & eſtimations des Ouvrages concernans les Bâtimens & Edifices ſoient tenus de faire diſtinction des Ouvrages de Charpenterie, d'avec ceux de Maçonnerie, & de mettre les prix ſéparément, à peine de trois cens livres d'amende, applicable comme deſſus.

I I I.

Défendons à tous Marchands de Bois, de faire aucun regrat ſur les Ports de Bois de Charpente, ni de faire travailler aucuns Compagnons auſdits bois, dans leſdits Ports ou Chantiers de notredite Ville & Fauxbourgs de Paris, à peine de ſix cens livres d'amende, & de confiſcation deſdites marchandiſes ; le tout applicable comme deſſus.

I V.

Voulons que les Jurés-Syndics lorſqu'ils trouveront des

malfaçons dans les Ouvrages des Maîtres feulement, & que lefdits Maîtres foutiendront leurs Ouvrages bons, le Lieutenant Général de Police ordonne que la Vifite en fera faite par deux Anciens, dont les Parties conviendront, ou qui feront par lui nommés d'Office.

V.

Voulons que lors du rembourfement qui fera fait de ladite fomme de onze mille fix cens cinq livres, tant en principal, que deux fols pour livre, ceux des Maîtres de ladite Communauté, qui auront payé les premiers leur cotte-part en entier, fuivant les quittances qu'ils en rapporteront des Jurés-Syndics, foient les premiers rembourfés, & qu'en attendant ledit rembourfement, il leur fera paffé des Contrats aux frais de ladite Communauté, fi la fomme que chaque Maître ou Veuve aura prêtée, excéde celle de cent livres, fi non les quittances defdits Jurés-Syndics leur tiendront lieu de Contrats, fi mieux ils n'aiment d'en faire paffer à leurs frais.

V I.

Voulons que conformément à l'Edit du mois de Mars mil fix cens quatre-vingt-onze, les Anciens qui affifteront aux Réceptions, n'ayent que la moitié des droits attribués aux Jurés-Syndics, lefquels Anciens ne pourront excéder le nombre de douze à chaque Réception, & feront appellés fucceffivement fuivant l'ordre du Tableau.

V I I.

Et d'autant qu'il eft du bien public, que la Police de notre bonne Ville de Paris & des Fauxbourgs, foit uniforme & obfervée également, permettons aux Jurés-Syndics de ladite Communauté, de faire leurs Vifites dans tous Atteliers & Chantiers, tant du Fauxbourg Saint Antoine, de l'Enclos du Temple, de Saint Jean de Latran, Saint Denis de la Chartre, de l'Abbaye Saint Germain des Prés, que dans la rue de Lourfine, Colléges & autres lieux Privilégiés, ou prétendus tels, même dans les Foires de Saint Germain & de Saint Laurent, comme auffi dans les Atteliers & Chantiers de ceux qui exercent ladite Profeffion de Charpentier, à titre de Privilége du Prevôt de notre Hôtel, ou autrement, & en cas qu'ils y trouvent des malfaçons, Bois défectueux ou des Ouvrages contraires aux Réglemens de Police, & à l'Art de Charpenterie, lefdits Jurés-Syndics en dreſſeront leur Procès-Verbal, & ſe pourvoiront par-devant le Lieutenant Général de Police, en quelques lieux que leſdites Viſites ou entrepriſes ſur ledit Art de Charpenterie, ayent été faites. Voulons au ſurplus, que les Statuts, Articles, Ordonnances de ladite Communauté des Maîtres Charpentiers de notredite Ville, Fauxbourgs & Banlieue de Paris, enſemble les Déclarations, Arrêts & Réglemens rendus en conséquence, en faveur de ladite Communauté ſoient exécutés, ſelon leur forme & teneur, en ce qu'ils ne ſont contraires à ces Préſentes. Si DONNONS EN MANDEMENT à nos amés & feaux Conſeillers, les Gens tenans notre Cour de Parlement à Paris, que ces Préſentes ils ayent à faire lire, publier & regiſtrer, & du contenu en icelles, faire jouir & uſer leſdits Maîtres Charpentiers de notredite Ville & Fauxbourgs de Paris, ſelon leur forme & teneur : Car tel eſt notre plaiſir. En témoin de quoi Nous avons fait mettre notre Scel à ceſdites Préſentes. DONNÉES à Verſailles le vingt-huit Juin l'an de grace mil ſept cens cinq, & de notre Regne le ſoixante-troiſiéme. *Signé*, LOUIS. Et plus bas, par le Roi. PHELYPEAUX.

Regiſtrées oüi le conſentement du Procureur Général du Roi, pour jouir par ladite Communauté de leur effet & contenu, & être exécutées ſelon leur forme & teneur, ſuivant & aux charges portées par l'Arrêt de ce jour. A Paris en Parlement, le dix-ſept Août mil ſept cens ſix, Signé, DU TILLET. *Et à côté, Vû au Conſeil,* CHAMILLARD.

EXTRAIT DES REGISTRES
de la Cour de Parlement.

VEU par la Cour les Lettres Patentes du Roi données à Verſailles le 28 Juin 1705, ſignées LOUIS, & plus bas, par le Roi, PHELYPEAUX, & ſcellées du grand ſceau de cire jaune, obtenues par les Jurés, Corps & Communauté des Maîtres Charpentiers de cette Ville, par leſquelles pour

les caufes y contenues, le Seigneur Roi a maintenu & confirmé ladite Communauté dans l'hérédité des Charges de Syndics, Jurés & d'Auditeur des Comptes d'icelle, a uni & incorporé à ladite Communauté la Charge de Tréforier, Recé-
veur & Payeur des deniers communs d'icelle, à la charge de
payer la fomme de 10550 livres de principal, & celle de
1055 livres pour les deux fols pour livre ; à l'effet de quoi
ledit Seigneur Roi a permis aux Jurés-Syndics de la Communauté qui font en Charge, d'emprunter ou d'impofer fur
tous les Maîtres d'icelle, fi fait n'a été, par forme de prêt,
le plus équitablement que faire fe pourra, lefdites deux fommes & celle de 400 livres pour fournir à la dépenfe defdits
emprunts, fuivant l'Acte de répartition qui en fera arrêté
par le Lieutenant Général de Police, lequel état fera exécuté
felon fa forme & teneur, & les dénommés en icelui contraints au payement des fommes pour lefquelles ils y feront
employés : Veut que ceux qui prêteront ayent privilége &
hypotheque fpéciale fur les gages & droits attribués à ladite
Charge de Tréforier fur les deniers qui feront levés par augmentation, en conféquence defdites Lettres, & généralement
fur tous les biens, effets & revenus de ladite Communauté,
& que les arrérages leur en foient payés d'année en année à
raifon du denier vingt ; & pour donner moyen à ladite Communauté, non feulement de payer annuellement lefdits arrérages, mais encore d'acquitter de temps à autre quelque
chofe fur le principal, en forte qu'elle foit liberée le plus
promptement qu'il fera poffible ; comme auffi pour maintenir la difcipline, & empêcher les entreprifes qui fe font fur
cette Profeffion, ledit Seigneur Roi veut que les Statuts contenus en fept Articles mentionnés aufdites Lettres, foient exécutés felon leur forme & teneur, ainfi que plus au long le
contiennent lefdites Lettres à la Cour adreffantes. Vû auffi
l'Arrêt du 18 Janvier 1706, par lequel la Cour avant pro-
ceder à l'entérinement defdites Lettres, a ordonné qu'elles
feroient communiquées au Lieutenant Général de Police &
au Subftitut du Procureur Général du Roi au Châtelet de Paris, pour donner leur avis fur icelles, pour ce fait rapporté
& communiqué au Procureur Général du Roi être ordonné
ce que de raifon : l'avis dudit Lieutenant Général de Police
& dudit Subftitut dudit Procureur Général du Roi du vingt-

deuxiéme jour de Mai 1706, les anciens Statuts de ladite Communauté confirmés par Lettres Patentes du 11 Août 1649, l'Arrêt d'enregiſtrement d'icelles en la Cour du 22 Janvier 1652, & la Requête préſentée à fin d'enregiſtrement deſdites Lettres : Concluſions du Procureur Général du Roi : Oüi le Rapport de M.e François Robert Conſeiller, & tout conſideré, LA COUR a ordonné & ordonne que leſdites Lettres feront enregiſtrées au Greffe de ladite Cour, pour jouir par ladite Communauté de l'effet & contenu en icelles, & être exécutées ſelon leur forme & teneur, à la charge que les Jurés en Charge de ladite Communauté continueront de faire leur rapport pardevant le Subſtitut du Procureur Général du Roi au Châtelet de Paris, de toutes les contraventions & abus qu'ils découvriront, pour y donner ſon avis en la maniere accoutumée, & être enſuite procedé pardevant le Lieutenant Général de Police, ainſi qu'il appartiendra, que les Actes fous ſignature privée qui feront faits pour raiſon des ſommes empruntées par les Jurés des Maîtres de ladite Communauté, feront reconnues pardevant Notaires au profit de ceux qui prêteront leurs deniers à ladite Communauté, faute de quoi leſdits Actes ne pourront produire aucune hypotheque ni privilége, & que les Jurés de ladite Communauté feront tenus de rendre compte tous les ans de l'emploi deſdits deniers pardevant ledit Lieutenant Général de Police & le Subſtitut du Procureur Général du Roi au Châtelet. F A I T en Parlement le 17 Août 1706. Collationné.

Signé, DU TILLET.

EXTRAIT DES REGISTRES
de la Cour du Parlement.

LOUIS par la grace de Dieu, Roi de France & de Navarre : Au premier des Huiſſiers de notre Cour de Parlement, ou autre notre Huiſſier ou Sergent ſur ce requis : Sçavoir faiſons que le jour & date des Préſentes, comparut en notredite Cour Simon Rouſſeau, Maître Maçon à Paris, Appellant d'une Sentence rendue par le Lieutenant Général

de Police le 13 Mai 1702, d'une part ; & les Jurés de la
Communauté des Maîtres Serruriers de la Ville & Fauxbourgs
de Paris Intimés : & entre ledit Roufseau, Appellant de ladite
Sentence du 13 Mai 1702, & les Syndics Jurés de la Communauté des Maîtres Couvreurs de maisons à Paris, Intimés :
& entre Pierre Dumas, Maître Maçon à Paris, Appellant de
ladite Sentence du 13 Mai 1702, & les Jurés de la Communauté des Maîtres Charpentiers de cette Ville, Intimés : &
entre la Communauté des Maîtres Maçons de cette Ville de
Paris, pourfuite & diligence de Nicolas Vautrin & Philippe
Jouet, Syndic & Adjoint de ladite Communauté, Intervenans & Demandeurs en Requête du 7 Février 1703, & lefdits Jurés Charpentiers, Jurés Couvreurs, Dumas & Rouffeau, Défendeurs, d'autre : Et entre ledit Dumas & ladite
Communauté des Maîtres Maçons, Appellans de ladite Sentence du 13 Mai 1702, & lefdits Jurés Couvreurs, Intimés : Et entre lefdits Jurés Serruriers, Demandeurs en Requête du 23 Avril 1703, & ladite Communauté des Maîtres
Maçons, Défendeurs : Et entre lefdits Jurés Serruriers, Demandeurs en Requête du 23 Avril 1703, & ladite Communauté des Maîtres Maçons Défendeurs, & entre lefdits Jurés
Serruriers, Demandeurs en Requête du 8 Juin audit an 1703,
& ledit Dumas Défendeur, d'autre. Vû par notredite Cour ladite Sentence dont eft appel, donnée par notre Lieutenant Général de Police du 13 Mai 1702, entre les Jurés Couvreurs Intervenans, fuivant leur Requête verbale du 23 Janvier 1702,
& Demandeurs en confirmation de l'avis rendu par notre Subftitut du Procureur Général au Châtelet le 10 Février audit
an, fuivant la Requête verbale fignifiée le même jour, &
ledit Roufseau Défendeur : Et encore lefdits Jurés Couvreurs
Intervenans, fuivant leur Requête verbale fignifiée le 30 dudit mois de Janvier, & lefdits Jurés Charpentiers, Demandeurs, fuivant leur Exploit du 30 Décembre 1701, & ledit
Dumas &   Millet, Maîtres Charpentiers,
Défendeurs, & lefdits Jurés Serruriers Intervenans, fuivant
les Requêtes verbales des 23 Janvier & 13 Février 1702,
& les Jurés Menuifiers auffi Intervenans & Demandeurs, &
lefdits Jurés Charpentiers, Roufseau, Dumas, & lefdits Jurés Couvreurs & Charpentiers, Défendeurs, à la Requête
verbale d'intervention du 2 Mars audit an, & Nicolas de
Launay,

(49)

Launay , Maître Couvreur ; Jacques Damon , Maître Menui-
fier; Denis Valet & Petit , Maîtres Serruriers ;
Gautier Peintre ,   Viel , Maître Vitrier ;
Jean Monifart, Maître Paveur à Paris ; Demandeurs , fuivant
ladite Requête verbale , & lefdits Jurés Serruriers , & Jurés
Menuifiers , par laquelle auroit été ordonné que les Sentences , Arrêts , Statuts & Réglemeus concernant lefdites Communautés de Maçons , Charpentiers , Couvreurs , Menuifiers ,
Vitriers , Serruriers , & autres , pour faits de Bâtimens , feroient exécutés felon leur forme & teneur', & en conféquence
défenfes auroient été faites aufdits Roufleau & Dumas & à
tous autres , foit Maçons ou Charpentiers , Serruriers & Menuifiers , & autres refpectivement , de faire des marchés en
bloque , & d'entreprendre de rendre des Bâtimens entierement faits & parfaits , la clef à la main , & de comprendre
en leurs marchés autres chofes que la Maçonnerie , fur telle
peine qu'il appartiendroit : à eux enjoint de faire leurs marchés chacun féparément & en particulier de leurs ouvrages ,
lefdits Roufleau & Dumas condamnés en tous les dépens.
Arrêt d'appointé au Confeil du 5 Février 1703. Productions
defdits Serruriers. Requête dudit Roufleau du 15 Avril 1704,
employée pour contredits. Arrêt du 6 Février 1703 , par lequel fur l'appel de ladite Sentence du 13 Mai 1702 , les Parties auroient été appointées au Confeil. Caufes & moyens
d'appel dudit Roufleau du 14 Mai 1703. Réponfes à caufes
& moyens d'appel defdits Jurés Couvreurs & Serruriers des
21 Mai & 8 Juin audit an 1703. Productions defdits Roufleau
& Jurés Couvreurs. Contredits defdits Serruriers dudit jour
8 Juin. Requête dudit Roufleau du 15 Avril 1704, employée
pour Contredits. Sommation de contredire par lefdits Couvreurs. Arrêt du 15 Février 1703 , par lequel fur l'appel
interjetté par ledit Dumas de ladite Sentence du 13 Mai
1702 , les Parties auroient été appointées au Confeil. La Requête d'intervention & demande de ladite Communauté des
Maîtres Maçons de Paris du 7 Février , fignifiée ledit jour
& le 17 dudit mois. Arrêt du 9 Mars 1703 , par lequel ladite Communauté des Maçons auroit été reçûe Partie inter-
venante fur l'intervention , les Parties appointées en droit &
joint. Requête defdits Couvreurs du 16 Mars 1703 , employée pour réponfes. Productions defdits Couvreurs & Ma-

G

çons. Requêtes defdits Rouffeau & Jurés Charpentiers des 19 Mai & 15 Juin 1703, employées pour réponfes, écritures & productions. Requête defdits Couvreurs du 4 dudit mois de Juin, employée pour contredits. Sommation de produire & dontredire par ledit Dumas, & de contredire par lefdits Maçons, Charpentiers & Rouffeau. Arrêt d'appointé au Confeil & joint, du 20 Mars 1703. Caufes & moyens d'appel defdits Dumas & Communauté des Maîtres Maçons du 7 Mai 1703. Réponfes à caufes d'appel defdits Jurés Couvreurs du 16 dudit mois de Mai. Productions defdits Dumas & Communauté des Maçons, Jurés Charpentiers & Couvreurs. Réponfes à caufes d'appel defdits Charpentiers du 21 Juin audit an, fervant de contredits. Contredits defdits Couvreurs du 4 dudit mois de Juin. Sommation de contredire par lefdits Dumas & Communauté des Maçons. La Requête & demande defdits Jurés Serruriers du 25 Avril audit an, à ce que l'Arrêt qui interviendroit fût déclaré commun avec la Communauté des Maîtres Maçons ; ce faifant, ladite Sentence de Police du 13 Mai 1702, confirmée, & lefdits Rouffeau & Communauté des Maçons condamnés en tous les dépens, chacun à leur égard. Arrêt d'appointé en droit & joint du 7 Mai audit an 1703. Requête defdits Serruriers du 14 Mai audit an, employée pour productions. Sommation de produire & contredire par lefdits Maçons. Productions nouvelles defdits Serruriers par Requête du 13 Juin audit an. Contredits defdits Dumas & Communauté des Maçons du 10 Avril 1704. Requête dudit Rouffeau du 17 dudit mois d'Avril, employée pour contredits. La Requête & demande defdits Jurés Serruriers du 8 Juin 1703, à ce que l'Arrêt qui interviendroit fût déclaré commun avec ledit Dumas, ainfi qu'avec ladite Communauté des Maçons ; ce faifant, ladite Sentence confirmée avec amende & dépens, & ledit Dumas condamné aux dépens. Arrêt d'appointé en droit & joint du 20 Juin 1703. Requête defdits Serruriers du 27 dudit mois de Juin, employée pour productions. Sommation de produire & contredire par ledit Dumas. Production nouvelle defdits Couvreurs par Requête du 10, fignifiée le 11 Mars 1705. Autre production nouvelle defdits Serruriers par Requête du 20 Juillet 1706. Sommation de contredire par lefdits Dumas, Rouffeau & Communauté des Maçons. Sommations générales à toutes les

Parties de satisfaire à tous les Réglemens de l'Instance, &
suivant' iceux fournir de causes d'appel, réponses, défenses,
produire & contredire, fournir de contredits contre les productions nouvelles faites les uns contre les autres. Conclusions de notre Procureur Général, tout joint & consideré :
NOTREDITE COUR faisant droit sur le tout, sans s'arrêter à l'intervention & demande de la Communauté des Maîtres Maçons de cette Ville de Paris, dont elle les a déboutés,
a mis & met les appellations au néant : ordonne que ce dont
a été appellé sortira effets ; déclare le présent Arrêt commun avec ledit Dumas & la Communauté desdits Maîtres Maçons. Condamne lesdits Rousseau & Dumas ès amendes de
douze livres, tant eux que la Communauté desdits Maîtres
Maçons aux dépens, chacun à leur égard, desdites appellations, interventions & demandes. SI TE MANDONS le présent Arrêt mettre à dûe & entiere exécution, selon sa forme
& teneur. De ce faire te donnons pouvoir. DONNÉ à Paris
en notre Cour de Parlement le neuf Août, l'an de grace mil
sept cent sept, & de notre Regne le soixante-cinquiéme. Collationné par la Chambre. *Signé*, DU TILLET.

BETZEMONT, le jeune, Procureur.

ARREST
DU CONSEIL D'ÉTAT
DU ROI,

Qui ordonne la réunion des Offices d'Inspecteurs &
Contrôleurs à la Communauté, & fixe les Droits de
Reception à la Maîtrise;

Du 21 Septembre 1745.

SUR la Requête présentée au Roi en son Conseil par les
Jurés en Charge & Communauté des Maîtres Charpentiers
de la Ville & Fauxbourgs de Paris, tendante à ce que pour les
causes y contenues, il plût à Sa Majesté agréer & recevoir
leur soumission de payer la somme de vingt-quatre mille livres

pour la réunion des Offices d'Infpecteurs & Contrôleurs, créés dans leur Communauté par l'Edit du mois de Février 1745 ; en conféquence ordonner qu'en payant ladite fomme de 24000 livres au Tréforier des Revenus Cafuels dans les termes énoncés en ladite foumiffion, lefdits Offices d'Infpecteurs & Contrôleurs feront & demeureront réunis à ladite Communauté, pour par elle jouir des Gages & Priviléges attribués auxdits Offices, dont les fonctions feront exercées par les Jurés fucceffivement en Charge, fans que ladite Communauté foit tenue de payer les deux fols pour livre de ladite Finance, dont il lui fera fait don & rémife ; & pour faciliter le payement de ladite fomme de 24000 livres, autorifer les Supplians d'en faire l'emprunt, & afin de mettre ladite Communauté en état de payer les arrérages des Rentes, caufées pour ledit Emprunt, fans retenue de dixiéme, conformément à l'Edit du mois de Février dernier, même de faire dans la fuite le rembourfement du principal à mefure qu'il y auroit des fonds, ordonner que les droits de Réceptions à la Maîtrife pour les Apprentifs, feront fixés à l'avenir à la fomme de 800 livres, au lieu de celle de 500 livres, & pour les fils des Maîtres à 400 livres, au lieu de 300 livres, en ce non compris les autres frais ordinaires de Réception, ordonner en outre que les 20 livres de droits de Vifites portés par l'Arrêt du Confeil du 16 Mars 1697, & qui feront payés par chaque Maître ; fçavoir, moitié le 16 Mars, & l'autre moitié le 16 Septembre de chacune année ; il y aura 10 livres d'affectés & hypothéqués au payement des anciennes dettes de la Communauté, & les autres 10 livres au payement de ceux qui ont prêté ou prêteront leurs deniers pour l'acquifition defdits Offices d'Infpecteurs & Contrôleurs ; comme auffi ordonner que ceux des Maîtres qui prêteront à leur Communauté, feront payés des arrérages de la Rente, qui leur fera conftituée fans aucune retenue du dixiéme, & qu'elle leur fera même rembourfée lorfqu'il y aura des fonds dans ladite Communauté, fans que fous prétexte de révifion de Comptes faits ou à faire, le payement des arrérages ni le rembourfement du fonds puiffent être arrêtés ni fufpendus ; ordonner pareillement que les droits provenans de l'augmentation de Maîtrife de Charpentier, enfenble les Gages attribués par ledit Edit du mois de Février dernier, feront employés au payement des arrérages ou inté-

(53)

rêts dudit emprunt, & le surplus au remboursement d'icclui,
au fur & à mesure qu'il y aura des fonds suffisans pour rembourser quelques parties, auquel emprunt lesdits Offices,
Gages & Droits seront affectés & hypothéqués par privilége
spécial, & au moyen de l'augmentation des droits de Réceptions à la Maîtrise, ordonner que le droit de Visite, à raison de
huit livres par chacun Maître, attribués par ledit Edit, demeurera éteint & supprimé. Ordonner au surplus que les Statuts de
la Communauté des Supplians, ensemble les Déclarations, Arrêts, Sentences & Réglemens de Police, concernant ladite
Communauté, seront exécutés selon leur forme & teneur. Vû
ladite Requête signée, Hecquard, Avocat des Supplians, leur
soumission du 10 Juillet dernier. Ouï le rapport du Sieur
Orry, Conseiller d'Etat ordinaire & au Conseil Royal, Contrôleur Général des Finances. LE ROI EN SON CONSEIL
a agréé & reçu la soumission faite par les Maîtres Charpentiers de la Ville & Fauxbourgs de Paris, de payer la somme
de 24000 livres pour la réunion des Offices d'Inspecteurs &
Contrôleurs, créés dans leur Communauté par l'Edit du mois
de Février 1745. En conséquence a ordonné & ordonne,
qu'en payant ladite somme de 24000 livres au Trésorier des
Revenus Casuels, dans les termes énoncés en ladite soumission,
lesdits Offices d'Inspecteurs & Contrôleurs seront & démeu-
reront réunis à ladite Communauté, pour par elle jouir des
Gages & Priviléges attribués auxdits Offices, dont les fonctions seront exercées par les Jurés successivement en Charge,
sans que ladite Communauté soit tenue de payer les deux
sols pour livre de ladite somme, dont Sa Majesté lui a fait
don & rémise ; permet Sa Majesté à ladite Communauté pour
lui faciliter le payement de la Finance desdits Offices, d'emprunter ladite somme de 24000 livres, d'affecter & hypothé-
quer au profit de ceux qui prêteront leurs deniers les Gages
& Droits attribués auxdits Offices, ensemble ses autres biens
& revenus, & de passer à cet effet tous Contrats de Consti-
tution, sans retenue de dixiéme : conformément à l'Edit du
mois de Février dernier, & pour mettre ladite Communauté
en état de rembourser par la suite les sommes qu'elle aura
empruntées, ordonne Sa Majesté que les droits de Réception à
la Maîtrise pour les Apprentifs, seront fixés à l'avenir à la
somme de 800 livres, au lieu de celle de 500 livres, & pour

(54)

les fils de Maîtres à 400 livres, au lieu de 300 livres, en ce
non compris les autres frais ordinaires de Réception ; ordonne
en outre que les 20 livres de droits de Vifites portés par l'Arrêt du Conseil d'Etat du 16 Mars 1697, & qui feront payés
par chaque Maître ; fçavoir, moitié le 16 Mars, & l'autre
moitié le 16 Septembre de chacune année, il y aura 10 livres
d'affectés & hypthéqués au payement des anciennes dettes de
la Communauté, & les autres 10 livres au payement de ceux
qui ont prêté ou prêteront leurs deniers pour l'acquifition des
Offices d'Inspecteurs & Contrôleurs ; veut Sa Majefté que
les arrérages des Rentes de ceux des Maîtres qui auront prêté
à leur Communauté, ne puiffent être arrêtés, ni le rembourfement fufpendu, fous prétexte de la révifion de leurs
comptes, dérogeant en tant que befoin, & pour ce regard
feulement, à l'Arrêt du Confeil du 28 Mars 1730, & que
les deniers provenans de l'augmention des Maîtrifes de Charpentiers, enfemble les gages attribués par ledit Edit du mois
de Février dernier, feront employés au payement des arrérages ou intérêts dudit emprunt, & les furplus au rembourfement d'icelui, à fur & à méfure qu'il y aura des deniers fuffi-
fans pour rembourfer quelque partie, à l'effet de quoi les
Jurés fucceffivement en Charge, feront tenus d'en compter
chaque année, ainfi que des Gages & Droits attribués auxdits
Offices réunis. Veut Sa Majefté, qu'au moyen de l'augmentation des droits de Réception à la Maîtrife, le droit de Vifite,
à raifon de 8 livres par chacun Maître attribué par ledit Edit,
fera éteint & fupprimé ; ordonne au furplus Sa Majefté, que
les Statuts de la Communauté des Suppliants, enfemble les
Déclarations, Arrêts, Sentences & Réglemens de Police concernans ladite Communauté, feront exécutés felon leur forme
& teneur. FAIT au Conseil d'Etat de Roi, tenu à Verfailles
le 21 Septembre 1745. Collationné.

Signé, DEVOUGNY, avec Paraphe.

SENTENCE

Rendue au Siége de la Police du Châtelet de Paris , le
12 Février 1762 , au profit de la Communauté.

*Contre Etienne Toutain , Charpentier sans qualité ; qui déclare
la saisie sur lui faite bonne & valable , avec confiscation des
choses saisies ; le condamne en l'amende , en 300 livres de dom-
mages-intérêts , & aux dépens.*

A Tous ceux qui ces présentes Lettres verront : SALUT ,
sçavoir faisons , que sur la Requête faite en Jugement
devant nous à l'Audience de la Chambre de Police du Châtelet de Paris , par M.e de Rennefort , Procureur des sieurs
Syndics-Jurés , actuellement en charge de la Communauté des
Maîtres Charpentiers saisissans , demandeurs aux fins de la
sommation faite à leur requête le 17 Septembre 1759 , & encore aux fins de l'exploit du 26 Octobre suivant , dûement
contrôlé le 27 du même mois , & défendeurs aux écritures des
20 Novembre & 3 Décembre de ladite année , suivant leurs
réponses des 29 Novembre & 11 Décembre suivant , & encore défendeurs à d'autres écritures du 31 dudit mois de Décembre audit an 1759 , suivant leurs réponses du 2 Janvier
suivant ; contre M.e Michaux , Procureur d'Etienne Toutain ,
Charpentier sans qualité , défendeur au principal & à l'exploit
d'assignation dudit jour 27 Septembre 1759 , demandeur aux
fins de ses écritures signifiées les 20 Novembre & 3 Décembre
1759 , & défendeur à celles des 29 Novembre & 11 Décembre de la même année ; & contre M.e Duclos , Procureur du
sieur Gauthier , Artificier , gardien des choses saisies , défendeur
à l'exploit d'assignation susdaté , & demandeur aux fins de ses
écritures du trois dudit mois de Décembre 1759 : Parties ouïes ,
sans que les qualités puissent nuire ni préjudicier , Nous , après
qu'il en a été délibéré sur les piéces & défenses des Parties ,
recevons celles de Rennefort opposantes à l'exécution de notre
Sentence par défaut du 14 Décembre 1759 ; faisant droit au

principal , difons , que les Statuts, Sentences & Réglemens de Police concernant la Communauté des Parties de Rennefort feront exécutées felon leur forme & teneur ; en conféquence déclarons bonne & valable la faifie faite à leur requête par procès-verbal du 24 Octobre 1759 , fur le nommé Toutain, Partie de Michaux jeune ; ce faifant, ordonnons que les effets faifis fur ladite Partie de Michaux demeureront acquis & confifqués au profit de la Communauté des Charpentiers , à la repréfentation d'iceux le nommé Gauthier , Gardien, contraint par corps , quoi faifant déchargé ; faifons défenfes à ladite Partie de Michaux de plus à l'avenir entreprendre fur les droits de la Communauté des Charpentiers , & pour l'avoir fait , le condamnons en 300 livres de dommages & intérêts , en l'amende , aux termes des Statuts, & en tous les dépens , fauf à lui à fe pourvoir, fi bon lui femble , pour parvenir à fa réception à la Maîtrife , ce qui fera exécuté nonobftant & fans préjudice de l'appel , & foit fignifié ; en témoin de quoi nous avons fait fceller ces Préfentes , qui furent faites & jugées par Monfieur le Lieutenant-Général de Police du Châtelet de Paris, y tenant le Siége , le 12 Février 1762 , *figné* LAMBERT. Collationné , *figné* MENARD pere. Signifié copie à Me Michaux jeune & à Me Duclos, Procureurs , à domicile , le 26 Février 1762 , *figné* DESMARETS.

ARREST
DU PARLEMENT,

Confirmatif de la Sentence rendue contre Etienne Toutain , le 12 Février précédent , & qui infirme une autre Sentence du même jour , & juge que les Jurés peuvent faire autant de faifies qu'ils trouvent de contraventions.

Du 30 Juin 1762.

LOUIS par la grace de Dieu, Roi de France & de Navarre : A l'un des Huiffiers de notre Cour de Parlement, ou autre notre Huiffier ou Sergent fur ce requis : Sçavoir faifons, qu'entre Etienne Toutain, Charpentier fans qualité,

Appellant

Appellant de Sentence contre lui rendue par le Lieutenant-Général de Police du Châtelet de Paris, le 12 Février dernier, &
de ce qui a fuivi, d'une part; & les Syndic & Jurés en Charge
de la Communauté des Maîtres Charpentiers de cette Ville,
Fauxbourgs & Banlieue de Paris, Intimés, d'autre part; &
ledit Toutain, demandeur en Requête inferée en l'Arrêt de
notredite Cour du premier Mars dernier, d'une part; &
lefdits Syndic & Jurés en Charge de la Communauté des
Maîtres Charpentiers, défendeurs, d'autre part; & lefdits
Syndic & Jurés en Charge des Maîtres Charpentiers, demandeurs en Requêtes des 2 & 10 Mars dernier, d'une part;
& ledit Toutain, défendeur, d'autre part; & ledit Toutain,
demandeur en Requête du 16 dudit mois de Mars, d'une
part; & lefdits Syndic & Jurés Charpentiers, défendeurs,
d'autre part; & entre lefdits Syndic & Jurés Charpentiers,
Appellans d'autre Sentence du Lieutenant-Général de Police
du Châtelet de Paris du 12 Février dernier, en ce que par
icelle la faifie faite fur ledit Toutain eft déclarée nulle, &
qu'il eft ordonné que les Bois, Marchandifes & Outils fur
lui faifis feroient rendus, & en ce qu'ils font condamnés aux
dépens, d'une part; & ledit Toutain, Intimé, d'autre part;
& lefdits Syndic & Jurés Charpentiers, demandeurs en Requête inferée en l'Arrêt de notredite Cour du 8 Mars dernier, tendante à ce qu'il fût fait défenfes d'exécuter ladite
Sentence, d'une part; & ledit Toutain, défendeur, d'autre
part, & demandeur en Requête du 16 dudit mois de Mars,
d'une part; & lefdits Syndic & Jurés en Charge des Maîtres
Charpentiers, défendeurs, d'autre part; & entre lefdits Syndic & Jurés en Charge des Maîtres Charpentiers, demandeurs
en Requête du 24 Mars dernier, d'une part; & ledit Toutain, défendeur, d'autre part; & ledit Toutain, demandeur
en Requête du 24 dudit mois de Mars dernier, d'une part;
& lefdits Syndic & Jurés en Charge des Maîtres Charpentiers, défendeurs, d'autre part; & entre ledit Toutain, demandeur en Requête du 30 dudit mois de Mars, d'une part;
& lefdits Syndic & Jurés Charpentiers, défendeurs d'autre
part; & entre lefdits Syndics & Jurés Charpentiers, demandeurs en Requête du 27 Mars 1762, d'une part; & ledit
Toutain, défendeur & demandeur en Requête du 27 Mars
dernier, d'autre part; & les Jurés Charpentiers, défendeurs

H

d'une part , & demandeurs en Requête du 31 dudit mois de Mars dernier ; d'autre part ; & ledit Toutain , défendeur & demandeur en Requête du premier Avril dernier , d'une part ; & les Jurés Charpentiers, défendeurs, d'autre part ; sur toutes lesquelles demandes , par Arrêt du 5 Avril dernier , qui a reçu ledit Toutain Appellant , en adhérant , tenu ledit appel pour bien relevé , sur lequel les Parties procéderont en la maniere accoutumée ; & pour faire droit aux Parties sur le tout , les a renvoyées à l'Audience , au mois , avec nos Gens , toutes choses demeurantes en état , dépens réservés ; & ledit Toutain , demandeur en trois Requêtes des 19 & 20 Avril dernier , d'une part ; & lesdits Syndic & Jurés Charpentiers , défendeurs , d'autre part ; & entre lesd. Jurés Charpentiers , demandeurs en Requête du 22 Avril 1762 , d'une part ; & ledit Toutain , défendeur , d'autre part ; & ledit Toutain , demandeur en Requête du 28 Mai dernier , d'une part ; & lesdits Syndic & Jurés en Charge de la Communauté des Maîtres Charpentiers de cette Ville de Paris , défendeurs , d'autre part ; sans que les qualités puissent nuire ni préjudicier aux Parties , après que Petigny , Avocat d'Etienne Toutain , & Bidault , Avocat desdits Syndic & Jurés de la Communauté des Maîtres Charpentiers de Paris , ont été ouïs ensemble , Joly de Fleury pour notre Procureur Général. NOTREDITE COUR , faisant droit sur les appels de la Partie de Petigny , a mis & met les appellations au néant ; ordonne que ce dont est appel sortira son plein & entier effet ; condamne la Partie de Petigny en l'amende de douze livres ; & néanmoins a moderé les dommages & intérêts de trois cent livres adjugés par la Sentence dont est appel à la somme de cent livres ; faisant pareillement droit sur l'appel des Parties de Bidault , a mis & met l'appellation & ce dont est appel au néant ; émendant , déclare la saisie faite à la requête des Parties de Bidault sur celle de Petigny bonne & valable ; ordonne que les Bois & autres Matériaux saisis demeureront confisqués au profit des Parties de Bidault ; en conséquence , ordonne que les Gardiens & Dépositaires des choses saisies seront tenus de les remettre ausdites Parties de Bidault à la premiere sommation qui leur en sera faite ; à quoi faire ils seront contraints par toutes voies dûes & raisonnables , même par corps , quoi faisant déchargé ; condamne en outre ladite Partie de Petigny

en pareille fomme de cent livres de dommages & intérêts ,
pour raifon de ladite contravention , & en tous les dépens
des Caufes principales , d'appel & demandes , même en ceux
réfervés. SI MANDONS mettre le préfent Arrêt à exécution felon fa forme & teneur ; de ce faire te donnons
plein & entier pouvoir. Donné en Parlement, le trente Juin
l'an de Grace mil fept cent foixante-deux , & de notre Regne le
quarante-feptiéme. Collationné , LANGLÉ. Par la Chambre ,
DUFRANC.. Scellé le dix Juillet mil fept cent foixante-
deux, *figné* GAUDIN. Enfuite eft écrit : le treize Juillet mil
fept cent foixante-deux , fignifié & baillé copie à Mᶜ Piedfort ,
Procureur , par nous Huiffier au Parlement fouffigné , *figné*
GENEVOIS, avec paraphe.

PERMISSION *de M. le Lieutenant-Général de Police, pour la réimpreſſion & augmentation des Statuts.*

Nous autoriſons les Jurés Charpentiers à faire réimprimer leurs Statuts , conformément au Devis & Marché fait avec l'Imprimeur ; à condition de ſe charger , eux & leurs Succeſ-ſeurs , des ſix cens Exemplaires , qui ſeront tirés pour en compter tant en recette que repriſe ; ſçavoir , en recette , à raiſon de trente ſols pour chacun des Exemplaires , que les Maîtres & les Récipiendaires qui en voudront avoir ſeront tenus de payer au profit de la Communauté , & en repriſe de la quantité des Exemplaires qui leur reſteront en nature ; per-mettons néantmoins auxdits Jurés d'en délivrer *gratis* juſqu'à concurrence de douze Exemplaires en la premiere & préſente année de Comptabilité , & ſix en chacune des années ſui-vantes. Fait en notre Hôtel, ce dix-neuf Février mil ſept cent ſoixante-trois. *Signé* DE SARTINE.

BANLIEUE DE PARIS.

Vaugirard.

Iſſy.

Le Moulin des Chartreux, & la premiere Maiſon de Clamart.

Vanvre.

Montrouge.

Chaſtillon.

Bagneux, juſqu'au Ruiſſeau du Bourg-la-Reine.

Gentilly.

Arcueil.

Cachans, juſqu'à la rue de Lay, où il y a quatre ou cinq Maiſons audit Village de Lay qui dépendent de la Banlieue.

Ville-Juifve, la Sauſſaye, juſqu'au chemin du Moulin à vent.

Ivry.

Le Pont de Charenton.

Saint-Mandé.

Conflans.

Charonne.

Bagnolet.

Romainville, juſqu'au chemin de Noiſy-le-Sec.

Pantin & le Pré Saint Gervais.

Patrouille, dit Belleville.

Les Oſtes Saint Merry.

L'Hôtel de Savy, dit l'Hôtel Saint-Martin.

La Villette.

La Chapelle Saint Denis.

Aubervilliers, juſqu'au Ruiſſeau de la Cour-Neuve.

Saint Oüen.

Saint Denis, juſqu'au Gris.

La Maiſon de Seine.

Montmartre.

Clichy la Garenne.

Villiers la Garenne.

Le Pont de Neuilly.

Le Roulle.

Le Meſnil.

Boulogne, juſqu'à la Croix du Pont de Saint Cloud.

Auteuil.

Paſſy.

Chaillot.

La Ville-Leveſque.

Vitri, juſqu'à la Fontaine.

La Piſſotte, juſqu'à la Planche du Ruiſſeau.

Montreuil, juſqu'à la rue Premiere, venant du côté de Vincennes.